日本の国境問題

——尖閣・竹島・北方領土

孫崎 享
Magosaki Ukeru

ちくま新書

905

日本の国境問題——尖閣・竹島・北方領土【目次】

はじめに　009

第一章　血で血を洗う領土問題――私がみた現代世界の国境紛争　019
一　中ソ国境紛争
歴史から学ぶ意味／尖閣の緊張は初めてではない／対立を煽るのは「政治的野心」と「メディア」／有利な条件を自ら覆す日本
二　イラン・イラク戦争
ミサイル着弾の恐怖／イラン・イラク戦争の原因
三　独仏領土問題
ドイツ人の疑問／翻弄されたアルザス・ロレーヌ地方／ドイツの選択

第二章　尖閣諸島をめぐる日中の駆け引き――戦後の尖閣諸島史　057
一　尖閣諸島の歴史的背景

尖閣事件／尖閣の歴史をめぐるすれ違い／尖閣の編入をめぐるすれ違い／第二次大戦後の認識のすれ違い

二　国交回復と日中平和友好条約

国交回復時の合意と一九七八年の処理／暗黙の合意／何度も確認されている尖閣問題の「棚上げ」／日中漁業協定の動き／中国の強硬路線の背景／二〇一〇年は歴史的転換点／尖閣問題の所在①「係争地であるという認識の排除」／尖閣問題の所在②「棚上げ合意を中国の一方的主張としたこと」／実は中国軍部も「棚上げの廃止」を歓迎／中国も一枚岩ではない

第三章　北方領土と米ロの思惑——大国の意図に踊る日本　095

一　ソ連参戦

すべてはポツダム宣言にある／米国がソ連参戦を求めた理由／参戦の見返りは樺太と千島列島／サンフランシスコ平和条約での扱い／大国に利用される北方領土問題／変更された北方領土の解釈

二　日ソ国交回復交渉と領土
日ソ国交回復交渉の変遷／日ソ国交回復の足枷／日ソ交渉の裏の「米国の動き」／日ソ共同声明後の状況
三　米ソの雪解けと領土
米国によるゴルバチョフ、エリツィン支援／米ソのためのサイフ／崩れなかった日ロの立場／硬化するロシア／北方領土の教訓と尖閣／米国対中戦略と日本／尖閣での米国の態度／日米同盟強化へ
第四章　日米同盟は役に立つのか――米国にとっての日本領土　141
北方領土に在日米軍は出ない／竹島をめぐる綱引き／竹島の歴史をめぐる日韓の隔たり／尖閣諸島は日米安保の対象だが／尖閣諸島に米軍は出るか／島嶼を守るのは自衛隊／軍事面から見る尖閣防衛／米国はどこまで日本防衛の義務を負っているか

第五章　領土問題の平和的解決――武力を使わせない知恵　165
平和的解決を求める必要性／平和的手段の類型／武力行使の制限と大国の思惑／大国の責任／中国の武力行使を抑えるには／交渉・審査・仲介・調停…／国際司法裁判所／国際司法裁判所の判決例／国際司法裁判所か、交渉か／領土問題の棚上げ方式の利点／説明不足の日本政府

第六章　感情論を超えた国家戦略とは――よりよい選択のために　197
国家戦略に、領土問題をどう位置付けるか／領土保持より国交回復優先／共通の利益／領土問題の比重を下げる／リアリズムと相互依存／東アジア共同体は難しいか／象徴としての領土問題／中国の経済力／中国の軍事技術／言い分は折り合わない／第三者を入れる／軍事力を使わない共通原則を構築する／一挙解決を目指さない

地図作成＝新井トレス研究所

はじめに

二〇一〇年、東アジアでは領土問題をめぐり、大きく動いた。

まず二〇一〇年九月尖閣諸島で日中が緊迫した。七日、海上保安庁巡視船が中国漁船に停止命令を出し、これに従わない中国漁船が日本の巡視船に体当たりした。日本は船長を公務執行妨害で逮捕する。中国政府は日本側の船長の起訴に向けての司法方針が明確になると、日本との閣僚級の往来を停止、日本への中国人観光団の規模縮小を決定し、日本人大学生の上海万博招致の中止を通達した。さらに二〇日、中国本土にいたフジタの社員四人を許可なく軍事管理区域を撮影したとして身柄を拘束し、二三日にはレアアースの日本への輸出を事実上止めたことが判明した。にわかに日中関係が緊迫し、どこまでエスカレートするか不明の状況となった。この事態を収拾するため、結局二四日、那覇地方検察庁が「今後の日中関係を考慮」し、異例の外交的配慮を理由にして釈放し、とりあえず終結した。

悪化した日中関係はその後も改善せず、一一月横浜でのＡＰＥＣ会合時の胡錦濤国家主

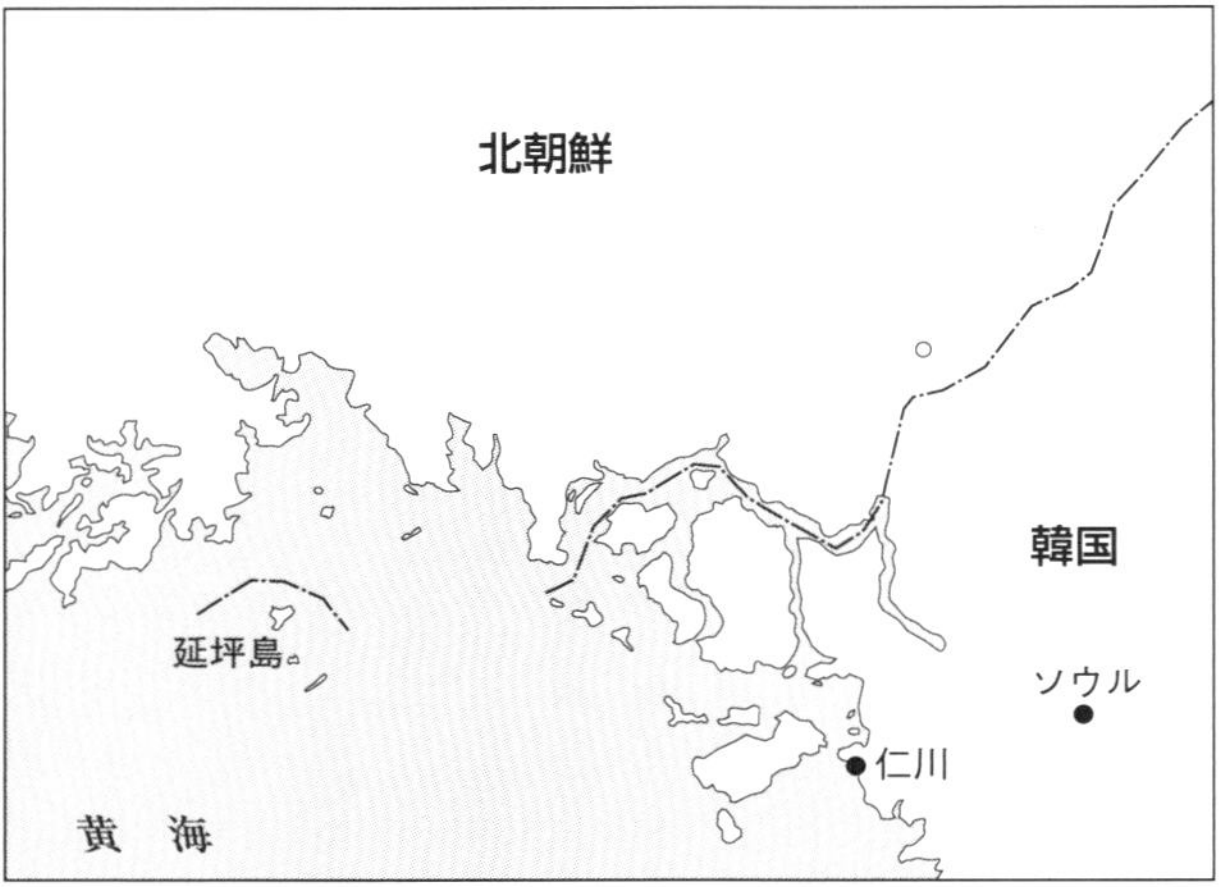

席と菅総理の首脳会談でも、対立した雰囲気は解けなかった。

　次いでロシアのメドベージェフ大統領が一一月一日、北方領土の国後島を訪問した。**ソ連時代を含めロシアの最高指導者が北方領土に入ったのは初めてである。**

　領土問題をめぐる紛争は朝鮮半島にも広がった。一一月二三日、北朝鮮が黄海の南北境界水域に近い韓国の延坪島を砲撃し、韓国の海兵隊員二名、民間人二人が死亡、一六名が重軽傷を負った。

　この事件も領海が関係している。朝鮮戦争の休戦で陸上では三八度線を軍事境界線として合意した。しかし、海上の境界線については合意が無い。一九五三年、国連と米国が北方限界線を設定し、北朝鮮は一九九九年、海上軍事境界線を発表した。両者に重なり合う部分がある。どちらかが自己の権利を主張し、この地域で演習など公権力を行使すれば相手国は領海侵犯と主張する。紛争が発生する可能性が高い。この微妙な地域に延坪島周辺海域がある。

さらに一二月一八日、韓国中西部沖の黄海で、違法操業中の中国漁船が、韓国警備船に体当たりし、転覆した。乗組員一〇人のうち一人が死亡、一人が行方不明となった。黄海では、韓国の排他的経済水域内で違法操業する中国漁船が後を絶たず、事件当時も約五〇隻の中国漁船が違法操業していた。

こうして二〇一〇年後半、東アジアの領土問題はにわかに緊迫してきた。問題は、こうした紛争は二〇一〇年だけに限らないことである。尖閣諸島周辺や韓国の排他的経済水域内の中国漁船の動きは一過性でない。日中双方が尖閣諸島に領有権を主張している。中国・韓国間では互いの排他的経済水域が交錯している。

これに加え中国の対応が変わりつつある。中国は経済大国化し、急速に軍事力を強めている。在日米軍ですら、中国の攻撃に危うくなってきた。東アジアの軍事バランスが変わりつつある。尖閣列島をめぐる日中の立場は対立したままである。今後必ず尖閣列島をめぐり新たな緊張が出る。その時中国がどう出るか、それにどう対応したらよいのか。日本の大きい課題になる。

私は二〇一〇年、二〇一一年、幾度か講演をした。私は講演の時には聴衆に質問することにしている。この中でしばしば領土問題に言及した。

「尖閣諸島は日本固有の領土ですか」と問うと約九〇%の人が「そうだ」と答える。では、「尖閣諸島はいつから日本の領土になっていますか」と問うと皆、びっくりする。尖閣諸島は日本固有の領土である、古代からと思っている。私は「一八七〇年代以前には、尖閣諸島は日本の明確な領土ではありませんよ」というと、皆「そんな馬鹿な」という反応を示す。しかし、「沖縄はいつから日本になりましたか」と問うと、かなりの人がはっとする。

尖閣諸島の領有問題は、「尖閣諸島が台湾に属するか、沖縄に属するか」である。日本が、琉球王国を強制廃止して琉球藩を設置したのが一八七二年、明治政府が琉球藩の廃止を宣言し、鹿児島県に編入したのが一八七九年である。琉球は大国中国と日本の間に挟まれて長い間、微妙な外交を続けてきた。琉球王国（一四二九年から一八七九年）は中国との間で、宗主国・属国関係の一種である冊封関係にあった。「歴史的に琉球が中国に属していたか、日本に属していたか」と問われれば、中国に属していたと言える時代が長い。琉球が日本領でない時期に尖閣諸島は日本領でありえない。尖閣諸島が日本領になるのは一八七二年以降である。

日本人のほぼすべてが「尖閣諸島は日本古来の領土である」と思っている。しかし、「古来とはいつからですか」と問うと、この信念が崩れる。

次いで、「尖閣諸島は日本固有の領土であるとして、中国も自国領だと言っています。では彼らは何を根拠としていますか」と問うと、ほとんどの場合回答がない。尖閣諸島は武力紛争に発展する可能性を持つ。しかし、相手国がどの様な主張をしているか知らない。それで、「武力紛争辞さず」である。

多くの日本人は日米安保条約があるから、尖閣列島、竹島、北方領土の領土問題では米国が守ってくれると思っている。

「では、米軍は北方領土で日ロが軍事紛争になった時に日本側で戦いますか。安保条約は北方領土を対象としていますか」と尋ねると、皆、あれっという反応を示す。

過去、北方領土では日本漁船が拿捕されたり、銃撃を受けたりしている。しかし米軍が関与したことはない。「いままで米国はいつでも日本側に立って戦うと思っていた。北方領土はソ連・ロシアが支配している。確かに、北方領土をめぐって、米軍が関与したことはない」と思い始める。聴衆の半分ぐらいが「安保条約は北方領土を対象にしていないのでないか」と答える。その通りである。安保条約は「日本の管轄の下にある領域」に攻撃された時に米国は「自国の憲法上の規定に従って行動する」である。**北方領土は日本が管**

轄していない。従って安保条約の対象ではない。

「竹島についてはどうですか。米国には米国全体として地理の命名に責任を持っている連邦の機関、地名委員会（United States Board on Geographic Names、BGN）があります。ここでは世界の係争地がどの国に属するかも扱っています。米国が係争地でどの国の主張を支持するかは、領土の帰属に大きい影響を与えます。従ってこの米国地名委員会の方針決定には、大統領も時に関与します。さて、ここで**竹島は日本領として扱われていますか、韓国領ですか、中立ですか**」と問うと七〇％が中立、約二〇％が日本領、一〇％が韓国領、という感じである。**実態は韓国領である。従って米軍は関与しない。**

「では尖閣列島について、**米国政府は尖閣諸島を日本領とみなしていますか、中国領としていますか、中立ですか**」と問うと、七〇％位が日本領、五％位が中国領、二五％位が中立という。**実際は中立である。**

読者の方がここまで読まれると、私が述べることと、今までマスコミを通じて得てきた印象との間に乖離があることに気付かれると思う。

尖閣列島、竹島、北方領土の領土問題ではあまりにも事実が国民に知らされていない。私は二〇一〇年末から、二〇一一年初めにかけ、尖閣列島、竹島、北方領土の領土問題で積極的にツイート（ツイッターによるつぶやき）してきた。典型的な反応に次のものがある。

「北方四島についての（孫崎氏の）連続ツイートを読む。なぜこうも事実と違う〝歴史〟が蔓延しているのだろう。これでは中国と何ら変わらない。サンフランシスコ平和条約で日本が千島の領有権を放棄しているなんて聞いたことがなかったし、調べもしなかった自分が不甲斐ない」「知らなかった。厳しい敗戦の代償（第二次大戦終了時のポツダム宣言での領土に関する条項などについて）」などのコメントが寄せられてくる。

私はこの本を書くに当たり、留意した点が二つある。

一つは、私は社会科学の分野の議論も自然科学の分野と同じだと思っている。異なる説が対立する時、重要なことは、どちらが説得力のある証拠を提示できるかである。従って、法廷に証拠を出すように、自説を裏付ける事実、根拠をできるだけ多く紹介するように努めた。そのため、本書では多くの文献を参照しているが、引用のほか、筆者の要約、文字遣いの変更などがあることを、あらかじめお断りしておきたい。

今一つは、相手国や、関係国の見解を紹介することに努めた。領土問題は国際紛争である。日本が正しいと思っているだけで紛争は解決しない。中国、韓国、ロシアの考えを知らなければならない。

同時に領土問題は、単に「領土」の帰属をどうするかという司法的問題にとどまらない。領土問題は、二国間関係の大きな流れを反映し、時に沈静化し、時に対立が前面に出る。

尖閣諸島でいえば、日中関係全体がどう進展するかと無関係でない。従って将来の日中関係の展望にも言及した。言及はそれだけにとどまらない。世界各地で領土問題がどういうように解決したか、あるいは紛争に発展したかをも見た。それは、領土問題の性質を見る上で参考になる。従って日本の領土問題と深い関係のある中ソ紛争や、イラン・イラク戦争も検討する。

さらには日本の領土は第二次大戦の敗戦と深く関わっている。その点で第二次大戦以降、同じ敗戦国であるドイツが領土問題にどう関わってきたかをも検討する。また、紛争解決の有力な手段である国際司法裁判所でどの様な判決がでているかも見てみたい。

日本国民にとり、領土の扱いは極めて重要である。我々は北方領土であれ、竹島であれ、尖閣諸島であれ、日本固有の領土であると主張する。それには根拠がある。

しかし、ロシア、韓国、中国は異なる見解を持っている。私たちは竹島について韓国が、尖閣諸島について中国がどう主張しているかは驚くほど知らない。また日本の領土問題は第二次大戦の敗戦と深く関係している。**米国が北方領土、竹島、尖閣諸島でどういう態度をとっているかは、これら諸島の帰属に重大な影響を与える。これについても日本の国民一般は驚くほど知らない。**

本書は北方領土、尖閣諸島、竹島について、日本の帰属を考えるに際して、どうしても知っておいて欲しい事実を伝えることを主眼とした。少なくともこの本を読まれ、「そんな事実があったのか」と思われることは間違いない。その意味でこの本は、領土問題を扱った本としては大変新鮮な本である。日本人の一人でも多くの方がこの本を読まれ、「領土問題に対する我が国のこれまでの対応が本当によかったのだろうか」と問い直されることを祈念する。

第一章 血で血を洗う領土問題

——私がみた現代世界の国境紛争

一　中ソ国境紛争

†歴史から学ぶ意味

「はじめに」で、尖閣列島をめぐる日中の立場は対立したままである。今後必ず尖閣列島をめぐり新たな緊張が出る。その時中国がどう出るか、それにどう対応したらよいのか。日本の大きい課題になる、と記述した。

この外交課題に直面し回答を模索する中、指針を与えてくれるのが歴史である。歴史をなぜ学ぶか。米国歴史学者ピーター・スターンは論文「なぜ歴史を学ぶ？（Why study history?, American Historical Association）の中で、「歴史なくして、平和な時に戦争をどうして評価できるのか」「人間の行動を実験するわけにいかない。歴史こそ実験室と言える。歴史だけが人間、社会の行動の広範な証拠を提供してくれる」と述べている。清水幾太郎氏はE・H・カー氏著『歴史とは何か』の「はしがき」で「過去は過去のゆえに問題となるのではなく、私たちが生きる現在にとっての意味ゆえに問題となる」と記載した。

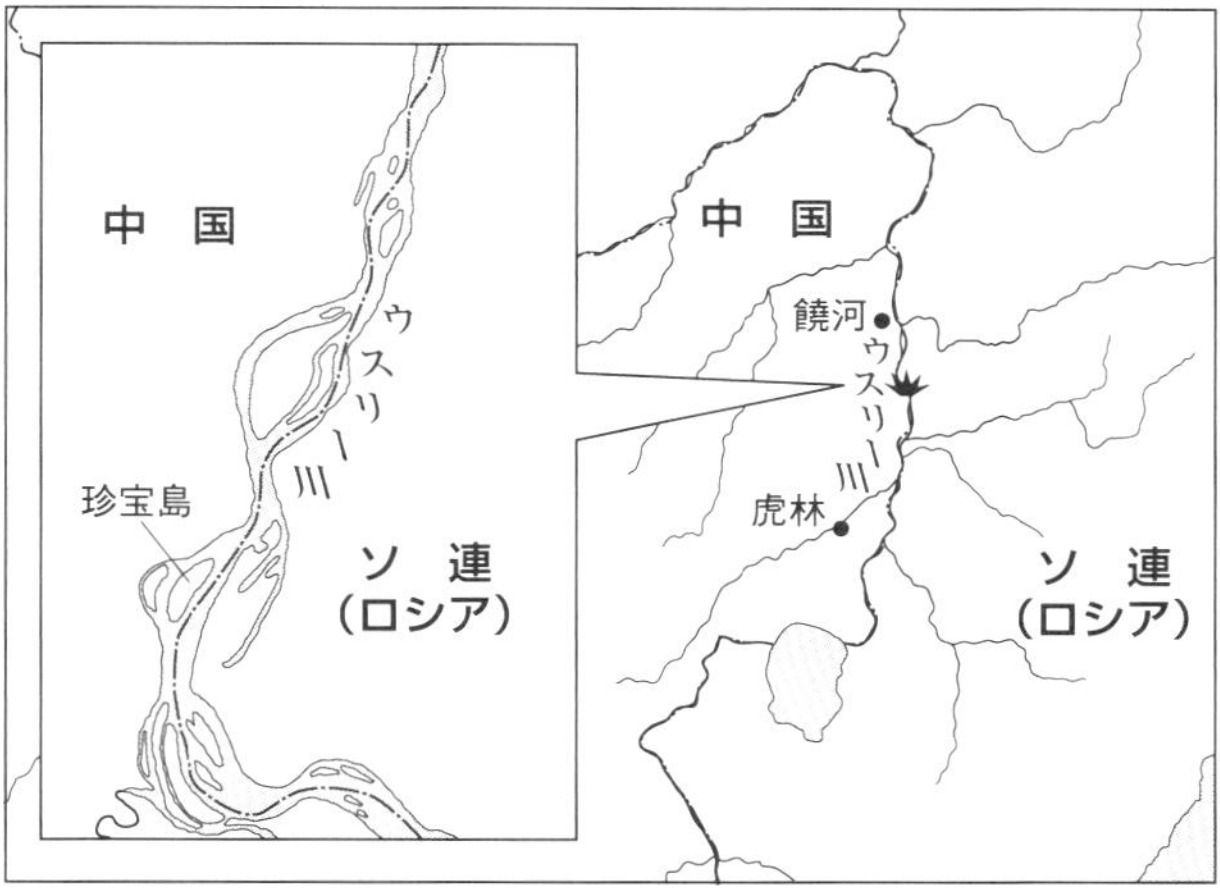

歴史を学ぶことが今日の指針を与える。この章で中ソ国境紛争を顧みる。それはあくまでも**「現在にとっての意味ゆえに」ここから教訓を得るために顧みたい。**

第二次大戦後中国とソ連は同じ社会主義国であった。中ソ双方は「社会主義の中ソは一枚岩」と宣伝した。それが、一九六九年、突然、中ソは珍宝島をめぐり軍事衝突を起こした。珍宝島はウスリー川上にある小さな島である。長さ一七〇〇メートル幅五〇〇メートル、特段、資源がある訳でない。価値はない。しかし、これが発端で数年間中ソは激しく軍事的に対峙していく。

一九六九年三月三日朝日新聞は「中ソ国境で発砲。流血」「互いに侵入と非難」と報じた。ロシアのタス通信は「武装した中国人の一隊がソ連守備隊にいきなり発砲死者を出した」と事態を説明した。中国北京放送は「ソ連国境部隊は多数の武装部隊を繰り出し完全武装の上、装甲車等を伴い、珍宝島に公然と侵入し中国側に挑発した」「侵入した挑発者に当然の懲罰を加えた」と報じた。三月五日付朝日新聞は消息筋の情報として、ソ連側死者三四名、中国側死者三〇ないし四〇名と詳しい情報を提供した。

三月三〇日ソ連の党機関誌プラウダは戦闘模様をより詳細に報ずる。

「三月二日の朝、監視所は島が約三〇名の中国軍人により侵犯されていることを発見した。ソ連側一隊は立ち退きを要求するつもりで侵略者の方に回った。中国兵はソ連国境警備隊を数メートルにまで近づけ突然警告なしに戦火を浴びせた。島の待ち伏せ地点と中国側岸辺から大砲、迫撃砲、自動火器による射撃がソ連側岸辺付近のソ連一隊に行われた」

以上は歴史である。日本と関係なく、中国とソ連の紛争である。しかし、日中双方が尖閣諸島をめぐり互いに領有権を主張し、具体的行為で自己の主張を補強しようとすれば、中ソ国境紛争と同じ事態が、日中間で十分起こる。

日本人の多くは、尖閣諸島をめぐり、まさか日中が軍事衝突するとは思っていない。しかし、一触即発に近い状況が一九七八年にすでに起きている。その年の四月、大量の中国漁船が尖閣諸島周辺に集結した。永野信利『天皇と鄧小平の握手』(行政問題研究所出版局)は次のように記している。

「上海市水産局の漁船が尖閣諸島への出航前会議が開催され、この席で同市の革命委員会の陳錦華副主任が日本の海洋資源の略奪を攻撃した。〝祖国防衛、侵略反対〟のスローガンを採択した。

尖閣諸島に接近した時、〝万が一襲撃されたらどうするか〟と打電した。水産局は〝中国領土で漁業をするものを誰が銃撃できるか。反撃せよ〟と応答した。このため民兵副団長は〝中国領土死守〟の戦闘命令を出した。

しかし事件が表面化し、上海市党委員会は党中央委員会の名で〝撤退しない者は党籍除名にする〟と通告したとされる」

古沢健一『昭和秘史　日中平和友好条約』(講談社)は次のように記している。

「(一九七八年)四月一二日巡視船〝やえやま〟が魚釣島付近で中国漁船一〇八隻が操業、うち一六隻が領海内に侵入しているのを発見した。退去を求めたが動かなかった。中には〝此地是中国領我們有権利此行作業〟と書かれた物を示す船もいた。〝やえやま〟には加えて〝おきなわ〟〝のぼる〟が出動し撤去を求めたが何の反応もない。一五日一四〇隻を確認した。銃を向けるものもあった」

なぜ、一九七八年以降、上記の事態が起こっていないか。多くの日本人の認識と逆であるが、実態は中国政府、台湾政府が漁民の動きに規制をかけているからである。この押さえがなければ、明日にでも大量の中国漁船が尖閣諸島周辺で漁業をする。

一九七八年の尖閣諸島事件は珍宝島事件と類似している。歴史上しばしば起こることであるが、一発の銃声で一気に武力紛争になる。時に、紛争を望む側が「相手からの攻撃があった」と口実の事件を作り、攻撃を開始する。

中国人にとり、尖閣諸島は台湾の一部だ。中国人は、一八六〇年の英仏との北京条約以来、列強が中国を搾取してきたと思ってきた。中国が力をつけた今、復権を求める国民感情がある。中国側が「一発の銃声を発し」、「日本側が仕掛けた」と言って紛争に持ち込み、尖閣諸島を取り込む可能性は十分ある。

中国がうまく日中の武力対決に持ち込めば、軍事的には中国が圧倒的に有利だ。最終的には中国に核兵器がある。核兵器を搭載しなくとも、ミサイルで攻撃できる。

二〇一〇年一一月四日付ワシントン・タイムズ紙は「中国のミサイルは米軍基地を破壊できる（Chinese missiles can ravage U. S. bases）」の標題の下、「八〇の中・短距離弾道弾、三五〇のクルーズ・ミサイルで在日米軍基地を破壊できる」と報じた。中国の狙いは米軍基地でなくて良い。四〇〇発以上のミサイル・弾道弾が日本を攻撃できる。その内の一発でもいい。日本のどこかに撃って、さらに攻撃する姿勢を示せばよい。

日本は軍事的に抵抗できない。かつて中国は中ソ国境で「珍宝島は歴史的、地理的に自国領」と主張し、取り戻すため行動をとった。このことを考慮すれば、中国の軍部が国民感情に迎合し、「日本側が先に発砲した」と言い、「歴史的地理的に自国領である」尖閣諸島を取り戻そうとすることは十分ありうる。

こう見ると、いずれ次のような日本政府官房長官談話があっても、決して夢物語とは言い切れない。

二〇XX年X月X日「海上保安庁の巡視船は尖閣諸島領海が中国船舶により侵犯されていることを発見した。巡視船は立ち退きを要求するつもりで侵略している中国船に近づいた。中国船は何の警告なしに戦火を浴びせた。中国側は領海外にいた船舶からあわせてミサイル攻撃した」

同日の中国側談話「日本側は歴史的に中国領である尖閣諸島の海域で公然と挑発した。中国領に入り挑発した日本の巡視船に対して断固として懲罰を加えた」

†対立を煽るのは「政治的野心」と「メディア」

中ソ国境衝突が生じた時、私はモスクワ大学に公務として留学していた。モスクワ市の南方に小高い丘がある。この丘の上にモスクワ大学がある。

大学から徒歩の距離に中国大使館があった。にわかに大学周辺が騒然とした。中国大使館への抗議デモが延々と続いた。知人のモスクワ大学生も「デモに参加してきた」と興奮していた。緊張の中で中国大使館公用車がデモに参加する人たちに襲われた。中国大使館は広大な敷地を持っている。すぐ籠城体制に入った。もっとも中国大使館は基本的に自給体制をとっている。卓球施設も整っている。後、私が在ソ連日本大使館勤務した時には日中大使館卓球大会もあった。

モスクワで抗議デモが生ずれば、中国でも同様のことが起こる。(一九六九年)三月七日朝日新聞は「中国でデモに参加した人は一億五千万人に達した」と報じた。

なお、二〇一〇年九月の尖閣諸島をめぐる中国のデモに、日本では「中国当局のやらせ」という説が出た。この説は必ずしも正確ではない。その時中国治安当局は北京、上海など大都市でデモが発生しないよう学生や労働者に工作していた。中国当局が本当にやらせを行うなら、デモ参加者はすぐにでも数千万人の規模になる。

珍宝島をめぐる衝突は三月二日に限らない。三月一四、一五日再発し、ソ連は「中国の一個連隊を撃退」と報じた。テレビは雪に血が滲む映像を流した。新聞は棺桶に入った兵士の帰国を大々的に報じた。中ソ国境紛争はそれから数年小競り合いを繰り返した。一九六九年春、**紛争はエスカレートする様相を見せた。ただし、モスクワ大学学生は決して熱狂的に浮かれてはいなかった。**

ソ連は国民皆兵である。当然大学生にも兵役の義務がある。珍宝島という誰も知らない、どうでもいい島のために中ソが軍事衝突をして、自分たちが戦争に行くかもしれない、こういう事態に浮かれていられるはずがない。リスクが自分の身に降りかかるおそれがある時、人は簡単に過激なナショナリズムに走らない。いたずらにナショナリズムを煽れば自分たちが死ぬ、それをロシア人学生と酒を飲みながら知った。

しかし、**新聞、テレビの軍国的トーンは日増しに強くなっていた。**

三月一六日ソ連軍機関紙「赤星」は「ザバイカル等（中国国境に近い位置）の核ミサイル部隊が警戒態勢に入った」と報じた。すぐに中国が反応し、三月二五日北京放送は「核戦争も辞さず」と報じた。

私は一九六九年六月モスクワ大学の留学を終えて、在ソ連日本大使館で「外政班」に配備された。外政班の最大の任務は中ソ関係を追うことである。中ソ国境での衝突はさらに続き七月八日ソ連側四名が死亡し、ソ連側は九月一一日に「六月から八月まで国境での中国側挑発行為は四八八件に上る」と報じるにいたっている。こうした中で私の仕事は新聞の要約を書き、時に中国大使館を訪れ、状況を聞くことであった。

一九七二年七月私は外務本省に戻り、調査部分析課で働いた。私は中ソ関係担当官となる。外務省に入って七年目、本省勤務は初めてであるが、私が当時日本で中ソ関係の細部を一番知る立場にあったと言える。中ソ国境近辺の緊張状況、これをめぐっての中ソの応酬、ハイレベルでの外交交渉、この情報が私の机の上に集まってきた。どのレベルの情報が集まってきていたか、次の記述が参考になる。

「一九八三年九月一日、大韓航空ボーイング七四七がソビエト連邦領空を侵犯し、ソ連防空軍の戦闘機により撃墜された。

この事件で乗員乗客合わせて二六九人全員が死亡した。ここで、自衛隊の持つ情報収集能力が極めて高いことが証明された。

稚内の航空自衛隊がレーダーで大韓航空機の動きを捕捉していた。陸上幕僚監部調査第二部別室が撃墜に向かったソ連機と地上の交信を捕えていた。それだけでなく、聞きとり難いロシア語を埋め合わせ、ソ連側が利用していた簡単な暗号も解読していた。

これが表にでたのは国連安全保障理事会での議論を通じてである。当初ソ連は、自分たちは何も知らないとの立場であったが、九月六日、国連安全保障理事会で、ソ連軍機の傍受テープに英語とロシア語のテロップをつけたビデオが各国の国連大使に向けて公開された。この傍受テープは陸上幕僚監部調査第二部別室が傍受したとされた。政府は昭和六十年七月二十三日質問主意書に対する答弁書で〝昭和五十八年九月七日（日本時間）の国連安全保障理事会の会合で公表された交信記録（英文）及び米国が同日の安全保障理事会の会合後配布したオーディオ・カセットは、我が国が収集した交信記録のテープに基づき米国政府が作成したものである〟と回答している」（孫崎享『情報と外交』PHP研究所）

私が分析課にいた時代、中国、ソ連が黒竜江周辺で互いに挑発的行動に出ていることを把握していた。

ソ連船が中国船の進路を妨害する。時に放水する。こうした挑発があると、相手国は砲撃する。ここでは公権力を相手国に行使することによって、容易に武力衝突に発展していた。ソ連側が一九六九年九月に「六月から八月まで国境での中国側挑発行為は四八八件に上る」と報じたのは決して誇張でない。これぐらいの衝突は起こっていた。

中ソ国境紛争が続いていた時期、在ソ連大使館でも本省分析課においても我々が関心を持っていたものに二つある。一つは国内政治での権力闘争との関係、今一つは和平工作の動向である。中ソ紛争は中国、ソ連両方共に権力闘争と関連していた。

国内権力闘争でソ連では一九六八年チェコ事件（ソ連軍がチェコの民主化の動きを弾圧）を巡り教条派と実務派の対立が囁かれていた。この中、相手国との対立が生ずることは、教条派の立場を強くする。中ソ双方とも教条派が勢いを強めてきた。

中国では一九六六年文化大革命が起こり、この中で国防部長であった林彪が次第に権力を拡大していく。中ソ国境紛争があれば、軍部の活動に依存せざるをえない。中ソ国境紛争の勃発は林彪が地位を強化するのに貢献した。

一九六九年一月党規約改正で毛沢東の後継者になる。そして三月珍宝島事件が起きた。その直後四月党大会で党規約が採択され、国防部長であった林彪は後継者としての地位を確立した。

外敵を口実に穏健派を排除するのは世界の歴史でしばしばみられる。**国境問題があった時、関係国のすべての人が、紛争を円滑に収めようとする訳ではない。紛争を発生させ、それによって利益を得ようとする人々が常にいる。**

権力闘争中、林彪等は四月の党大会で劉少奇等のグループを追放することに成功する。中ソ国境紛争は断固自国領土を守る人物として林彪の地位確立に紛れもなく貢献した。

モスクワ放送は、①ソ連は国境紛争が発生した三日後の五日、「中ソ国境紛争が発生したのは中国共産党第九回全国代表大会の準備と関係が有る」と指摘し、②一四日「林彪が事件直前黒竜江省に来て準備工作をしていた」と報じ、③四月一一日「九全大会で軍人の役割が強化した」と報じた。

国境紛争は内政の動向と関連する。その時には、この緊張で誰の立場が強くなるか、その人物が結局は緊張を煽っていないか見ることが重要になる。

二〇一〇年九月尖閣諸島で緊迫した時期は中国では重要な人事の時期であった。一〇月の党中央委員会第五回全体会議（五中全会）の直前である。中国指導部は世代交代を行う重要な時期である。次期リーダーと目される習近平が軍の要職である中央軍事委員会副主席に選出され、国家主席の後継を固めるか否かを決める重要時期である。八月頃、中国では権力をめぐり内部闘争が緊迫しているという噂が流れた。こうした時期には内政上の闘争を有利に展開させるため、意図的に対外関係を緊張させるグループが出る。

歴史的に見れば、**多くの国で国境紛争を緊張させることによって国内的基盤を強化しようとする人物が現れる。そして不幸な時には戦争になる。**

しかし、時に、この緊張時に、交渉で沈静化しようとする人物が出る。中ソ紛争もまさにその例で、中ソ双方に和平を志向する人物が現れた。ソ連ではコスイギン首相、中国では周恩来首相である。

三月二九日ソ連外務省は中ソ国境画定交渉の再開を呼びかける声明を中国政府に伝達し、四月一一日、「ソ連は外務省の覚え書きで国境問題に関する政府代表者協議の開催を呼びかけた」と報じた。六月六日中ソ国境河川合同委員会中国側主任委員が会議開催に同意し、この会議は予定通り六月一八日ハバロフスクで開催された。中ソ双方に次第に和平を望む力が増す。九月一二日北京放送は「九月一一日北京飛行場にて周恩来とコスイギンが会談し、双方は率直な話合いを行った」と発表した。

この内容は後日、日中首脳会議の時に周恩来首相から田中首相に説明される。

「一九六九年、中国の建国二〇周年を祝うとき、コスイギンがハノイにおけるホーチミンの葬儀の帰りに、北京へ来たので、私がコスイギンと三時間会談した。

当時、中ソ間に国境衝突があったので、私は手始めに国境問題をとりあげたいと言った。中ソ国境に関し、中国側が提案したのは次の三点である。①現状維持、②武力不行使、③論争がある地域の調整。コスイギンはこの提案を受け入れたので、一九六九年一〇月二〇日から話し合いを開始した」（出典：田中総理・周恩来総理会談記録第三回首脳会談、日本政治・国際関係データベース、東京大学東洋文化研究所）

この流れを受けて、九月二二日モスクワ放送は「ソ連は中ソ関係の正常化を望む」と報じ、九月三〇日周恩来首相は国慶節レセプションで「我々の方から戦いを挑むことはしない」と演説した。

中ソ和解を探る動きは次第に加速し、一〇月一日ソ連側は中国に国慶節を祝う祝電を出し、この中で「関係正常化」を要望した。一〇月八日中国外交部は声明を発表し、「現在の中ソ国境に関する条約は歴史的に見て不平等条約であるが、現行条約を基礎に国境問題を全面的に解決する用意がある。中ソ間には調整不可能な原則的対立がありそれは長く続こうが、それが平和五原則による国家関係の正常化を妨げるものではない」と述べた。

珍宝島は一九九一年五月一六日に結ばれた中ソ国境協定で中華人民共和国領とすることで合意された。ゴルバチョフ失脚の直前である。

国境問題で合意に達するのは容易なことではない。珍宝島のケースは事件発生後二二年経過している。重要なことはこの間、武力紛争に発展しないように手を打てるか、逆に武力紛争の方に突き進むかである。この点、周恩来首相が一九六九年九月三〇日、国慶節レセプションで**「我々の方から戦いを挑むことはしない」と演説したのは極めて重要な意味を持つ。**

この動きを見ると、周恩来首相の尖閣諸島の扱いに極めて類似している。周恩来首相は日中国交回復時、「小異を残し大同につく」として周恩来首相が尖閣諸島の管轄を認めた上で、領土問題を棚上げにした。周恩来首相は中ソ国境紛争時の三原則中、①現状維持、②武力不行使を尖閣諸島に適用したのである。

周恩来首相が「小異を残し大同につく」として棚上げした条件に、明文化されてはいないが「我々（中国）の方から戦いを挑むことはしない」が入っている。周恩来首相が珍宝島事件から学んでそれを尖閣諸島に適用した。本来は、日本側は驚喜してもいい条件である。しかし、この条件は日本側が構想を持ち、外交交渉で勝ち取ったものではない。だからその意義はかならずしも後の世代に伝えられていない。

この当時日中国交回復の事務方の責任者は橋本恕中国課長（後駐中国大使）である。彼は重要な外交案件は「総理と次官と課長」だけが分かっていればいいという哲学の持ち主である。煎じ詰めれば担当課長だけ分かればいいということである。分かった内容は外務省内に必ずしも伝授されない。いつしか誰も重要性が分からなくなる。それが今尖閣諸島の問題の扱いに関連している。

日本は次第に「尖閣諸島棚上げ、実質日本の管轄を容認」という日本に有利な決着を、自らの手で放棄していく。そのピークが二〇一〇年の尖閣諸島での中国漁船船長逮捕につながっていく。

二　イラン・イラク戦争

†ミサイル着弾の恐怖

イラン・イラク戦争でのイラン側死者約三〇万人、イラク側一六万から二四万人と推定される（出典：ウエブサイトglobal security）。この戦争は一九八〇年九月二二日イラク側の攻撃で開始され、一九八八年八月二〇日国際連合安全保障理事会の決議を受け入れ停戦した。

この戦争は私にも、家族にも大いに関係があった。私は一九八六年七月から停戦までバグダッドで勤務した。私がイラン・イラク戦争に関与したのは次の四点である。

①イランからのミサイル攻撃をうけるバグダッドでの生活
②最激戦地のバスラ市の被害状況調査
③化学兵器を使用したとされるイランとの国境都市ハラプチャ等の視察
④主要西側外交団の大使館次席会議での情勢分析

私は妻と長女とバグダッドで暮らした。最大の恐怖はイランからくるミサイルである。月に一、二回は飛んできた。イランの攻撃目標である精油所や大統領官邸は、住所地から数キロしか離れていない。イランのミサイルの精度は高くないから、しばしば目標から大きく外れる。従って我々の住宅が被弾する可能性は十分あった。小学三年生の娘が学んでいた日本人学校から数百メートルしか離れていない場所にも、ミサイルは着弾した。

ミサイルは通常、夜明けにくる。静かな夜明け時、大音響が市全体に響き渡る。地面からドーンと突き上げがくる。

着弾地の破壊は、建物が直接被弾した時と、地面に落ちた時では異なる。

建物が被弾すると三〇メートルから五〇メートル四方に影響が出る。さらに怖いのは、ガラスの破片である。着弾地から三〇〇メートル内の建物の窓ガラスが破れ飛び、凶器になる。

地面に着弾する時には深さ三メートルから五メートル、直径一五メートルくらいの穴があく。こうした被害状況を知っているだけに、着弾の音を聞いてぎくっとする。

この当時大使館員や日本人学校の先生、商社員等数十人がバグダッドに住んでいた。多分この人々にとって辛かったのは、日本にいる人々との連帯感の喪失である。

たとえば商社の場合、イラク側との商談がある。協議のため本国から専門家を派遣してもらいたい時がある。その時日本からの返答は「大使館から、派遣する人の安全が保障されるという一札をとってこい。それができなければ専門家を派遣できない」である。

イランからのミサイルはいつくるか分からない。どこに落ちるか分からない。大使館として保障できるわけがない。商社の在バグダッド支店が「保障できるわけがない」と伝えると、本社は「今回見送り」という。しかし「待ってくれ。我々は今バグダッドで、安全が保障されない中で生きている。これをどう考えているの」と問いかけたくもなろう。

まさにカミュの『ペスト』の世界である。『ペスト』は、町にペストの死者が出る。その内、町は封鎖される。町には人々が住んでいるが外部に脱出できない。その中でペストが蔓延していく。町に死の恐怖が襲う。他方外界はペストをこの町に閉じ込め、安穏に生活できる世界を描いた。

ある日突然、部下が「外務省を辞める。米国で生活する」と言い出した。私は説得した。「君はアラブの専門家として育つ。駐イラク大使くらいにはなれる」。これに対して彼は答えた。「私は駐イラク大使になるより、ニューヨークのホームレスの方がましだ」。確かに、駐イラク大使でミサイルの犠牲になるより、失業状態でもニューヨークで暮らす方がましだ。彼の反論は妙に説得力があった。私は説得するのをやめた。彼は外務省を辞めてニューヨークに行った。そしてしばらくホームレス同然の生活をしていた（外務省で彼と入省年次が近く似た経歴を持つ人に奥克彦氏がいる。彼は二〇〇三年イラク戦争中、イラクで勤務中射殺された)。

バグダッドにミサイル攻撃があると、大使館総務や政務の人が私に電話をかけてくる。当時、私は大使館公使で、事務の責任者だった。当番表に従って大使館員がミサイル着弾現場に出かける。私も一段落したところで視察に行く。だからミサイルの着弾痕は二〇か所以上見ている。被弾の一番多いのが町の中心部である。町の中心部には当然軍等の官庁がある。繁華街に落とせばそれだけ市民への衝撃が多い。

大使館として、ミサイル着弾地の確認任務は、次の事件を契機に中止した。

ある時、ミサイルがいつもと同じようにバグダッドの繁華街に着弾した。すぐいつものように立ち入り禁止の縄が張られた。この時、たまたま、大使館員がこの立ち入り禁止の枠内にいた。身分証を携帯していなかったので不審人物として連行され、ここで殴る蹴るの暴行をうけた。翌日眼鏡は割れ、耳鳴りがすると言って出てきた。腹だけは蹴られないように必死にうつぶせになっていたという。

緊張したバグダッドで不祥事はさらに起こった。民間会社から大使館に出向していた人がいた。一時帰国し結婚して新婦を連れてきた。戦時下のバグダッドの町に娯楽はない。

夜ドライブに出かけ、サーチライトが当てられている銅像の下に来た。きれいなので新婦が車内から写真を撮った。フラッシュを焚いた。その途端フラッシュの光めがけて銃弾が飛んできた。幸いにも弾道がそれて、内側に補強棒が入った車のドアにぶつかって反転し、外に出た。補強棒に当たらなければ新婦を撃ち抜いていたに違いない。

一九八七年春バスラ市近辺で、イラン・イラクの戦闘が一気にエスカレートした。私は、任務で砲火の現場に入った。

それまでは、イランが人海戦術で攻める、これをイラクが戦車で防ぐという均衡があった。ここに、レーガン政権がイランへ武器を売り、その売却代金をニカラグアの反共ゲリラ「コントラ」の援助に流用するという、いわゆる「イラン・コントラ事件」が発生した。この武器に対戦車砲、ミサイルが含まれていた。一九八六年一月から対戦車ミサイルTOW二〇〇〇基、ホーク地対空ミサイル二三五基がイランに空輸されたとも言われた（一九八七年一一月一九日付「Iran-Contra Report」が取引について詳細に記述）。これで一気に軍事バランスが崩れた。

バスラへいく街道、道路脇に対戦車ミサイルTOWで破損された戦車や装甲車が、何百台とごろごろころがっている。戦争の帰趨は武器の量ではなく、武器の質であることを痛感させられた。お祈り時間、イランの攻撃が中止されるというので、バスラ市内に入ると、あちこち、砲撃で家が崩れている。人の住んでいる様子はまったくなかった。

†イラン・イラク戦争の原因

イラクの北部にはクルド人が住んでいる。クルド人は長年独立運動を行っていた。一九八八年、イラクが不利になるや、イランと呼応するクルド人グループが出た。これを抑圧するためにイラク軍は化学兵器により、イラク北部のハラブチャ住民を虐殺した。被害を見るためイラク人の運転する車でイラク国境からトルコ国境を回った。

至る所でクルド人集落が破壊されていた。村の存在した地域がブルドーザーで無残に平地となっている。戦争の被害はイラク各地で発生していた。我々の住むバグダッド市では、頻繁に緑の国旗で覆われた棺が市内を走った。あちらこちらで葬儀が行われていた。戦場に行かぬ市民ですらミサイルの脅威の下にあった。

何のために戦争をしたか。「サダム・フセインはイランのイスラム革命と戦いイスラムの英雄になることを目指した」という説もある。表向きは領土問題だった。

イラクには、歴史的に重要な役割を果したチグリス川とユーフラテス川がある。チグリス川はバグダッド市内を流れる。河口付近でこの二つの川が合流し、シャトルアラブ川を形成する。この川がイランとイラクの国境地帯を流れながらペルシャ湾に注ぐ。

シャトルアラブ川のイラン側にはさしたる町はない。シャトルアラブ川の重要性は圧倒的にイラク側に大きい。この川が長年イラク・イラン間の問題になった。領土問題の解決がいかに難しいかの手本でもある。歴史的に見てみよう。

①第二次エルズルム条約（一八四七年。イランのガージャール朝とイラクを支配していたオスマン帝国の間で締結。英国とロシアが仲介）で「オスマン政府はシャトルアラブの東岸がイランの占有となることを厳として承諾する（つまり川自体はイラクを支配するオスマン帝国に属する）、イラン船籍は、完全なる自由の下、シャトルアラブ川の河口から両政府の国境分岐点まで、航行する権利を有する」ことが決められた。

②トルコ・ペルシア間合意（一九一三年。英ロが仲介）では「シャトルアラブ川をトルコの主権の下に置く」、つまりイラク領とすることが決められた。

③第一次大戦後、イラク（英国の間接統治下）で英国人顧問は「シャトルアラブ川を二国間国境河川とし、ダニューブ川に適用されたタールベーク原則（下流に向かう航路の中央線。川底の最深部）とする」よう進言した。基本的にはシャトルアラブ川をイラン・イラク半々とする案である。

④テヘラン条約（一九三七年）ではシャトルアラブ川はタールベーク原則が適用された。

これによってシャトルアラブ川はイラン・イラク半々となる。このテヘラン条約は一九三〇年代初期に国境紛争が頻発し、一九三三、一九三四年国際連盟で意見聴取し、これをうけ、一九三七年に条約が調印される。

⑤アルジェ合意（一九七五年）で「シャトルアラブ川の国境線をタールベーク原則（川床の最深線）とする」ことが決定された。このアルジェ合意はOPEC首脳会議の時にアルジェリアのブーメディエン革命評議会議長の仲介で、イランのシャーとサダム・フセイン革命指導評議会副議長との間で合意された。

⑥一九八〇年九月、サダム・フセイン大統領はアルジェ合意の破棄を求めてイラン・イ

ラク戦争を開始。サダム・フセインの要求は国境線をイラン川岸、つまりシャトルアラブ川をイラクのものにするというものである。この戦争前イラン、イラク双方に国内政治面で大きい変化が生じている。イランではシャー（国王）が一九七九年一月国外に脱出し、四月イスラム共和国が成立した。イラクでは一九七九年七月サダム・フセインが大統領に就任している。

⑦一九八八年八月イラン、イラクは国連安保理決議598を受け入れイラン・イラク戦争を終結した。この時、イラン、イラクはすべての懸案を解決するため、国連事務総長と協力し、シャトルアラブ川はアルジェ合意を基礎とすることに合意した。

シャトルアラブ川をめぐる歴史は、国境確定がいかに困難なものかを物語っている。

①ある時には両国の力関係を反映し、力の強い者の主張が通る形で合意が成立する。しかし、相対的力関係が変化するとこの合意を覆す力が働く。アルジェ合意とイラン・イラク戦争がこのケースである。

②外部の仲介が功を奏し、合意が成立するケースがある。一八四七年、一九一三年の英ロ、一九七五年のアルジェリアの仲介がこれに該当するが、情勢が変われば破棄される。一九七五年のアルジェ合意を仲介したブーメディエン議長は一九七九年一二月死亡した。

イラクがこの合意を破棄することを名目に戦争を開始したのが一九八〇年九月である。
③国境画定の基準も変化する。一八四七年、一九一三年はシャトルアラブ川の重要性、利用状況は、圧倒的にイラクに多いことに着目し、シャトルアラブ川をイラク領とし、イランには利用を保障した。しかし、国際社会で国際河川の国境線を川の最深部のラインとする考え方が出てくるにつれ、この原則を採用する動きが強化された。

領土問題で重要なのは一時的な解決ではない。シャトルアラブ川をめぐる動きを見ていると、仮に一時的に自分に有利な解決を獲得しても、時間が経過すればこの状況は変わる。重要なのは一時的に有利な情勢を築くことではない。

両国の納得する状況を作ることである。それができない間は領土問題で紛争に発展しない仕組み、合意を作ることである。多分これがイラン・イラク間の領土問題、シャトルアラブ川の問題の教訓であろう。

三 独仏領土問題

†ドイツ人の疑問

日本は第二次大戦、ドイツとともに戦い、ともに敗戦国となった。終戦後はソ連が両国の共通の脅威であった。この似た国際環境のゆえに、戦後日独は外交分野でしばしば協力を行ってきた。

一九九七年から一九九九年、私は外務省で国際情報局長だった。国際情勢の分析を各国の情報機関と行う、これが私の重要な役割だった。ミュンヘン郊外のプラフに連邦情報庁がある。私はここを幾度か訪問している。当時の国際情勢の動きの意見交換を行うとともに、領土問題に関するドイツの英知を聞いていた。

国際情報局長時代、ドイツから連邦議会外交委員会一行が来日した。ドイツ大使が意見交換をするために日本側の何人かを昼食会に招待した。ここでドイツ議会外交委員長は次のように助言をしてくれた。

「戦後、我々はフランスとの確執を克服した。その我々から見ると、日中関係がどうして改善されないか不思議だ。独仏には昔から領土問題がある。二回の戦争を戦った。相手の国がいかに非人道的なことを行ったかを指摘しあえばお互いに山のようにある。しかし、我々は二度の戦争を繰り返し、このような犠牲を出す愚行を止める決意をした。憎しみあいを続ける代わりに、協力をしあうことの方が両国民に利益をもたらすことを示した。そして、これまで戦争の原因にもなった石炭・鉄鋼を共同管理するために、一九五〇年欧州石炭鉄鋼共同体を作った。それが欧州連合に発展した。今や誰も独仏が戦争することはないと思っている。

しかし、もし、第二次大戦後も相手国がいかに自分たちの国を痛めつけたか、自分たちの本来の権利が今踏みにじられているかを主張しあっていたら、仏独関係は最も緊張ある関係になっていただろう。

こうした経験を経てきたドイツから見ると、日本がどうして日中の間に独仏のような建設的な関係を作れないのか疑問に思う。安定した関係を作るには力の強い方が譲歩しなければならない。我々はフランスに譲歩した。今経済力では日本が中国に対して優位にある。この時期こそ日本が中国に譲歩し、安定した日中関係の基礎を作るべきである」

この考え方はドイツの一貫した政策である。ドイツの首相、外務大臣を歴任したシュミットも同様な考えを明確にしている。

「我々が隣国の利益を損なわず、彼等の主な利益を満たすように努力し、配慮する度合いに応じて、欧州の変化のプロセスはドイツにとって有利に展開するだろう」（ヘルムート・シュミット『ドイツ人と隣人たち』下巻、岩波書店）

†翻弄されたアルザス・ロレーヌ地方

確かに、第二次大戦後、ドイツは領土問題でフランスに対し譲歩した。譲りすぎでないかと思うくらい譲っている。それは敗戦国の宿命でもある。アルザス・ロレーヌ地方の扱いがその一つである。アルザス・ロレーヌ地方は様々の歴史を持つ。

・一世紀　シーザーに支配され、ローマ帝国の一部となる。
・五世紀　ドイツの部族アレマニに支配される。
・九世紀　フランス創設と見なされるフランク王国時代チャールズ大帝の下、その中心部となる。
・八七〇年　神聖ローマ帝国の一部となる。
・一四六九年　フランスのブルゴーニュ公に売却される。
・一四七七年　ハプスブルグ家の一部になる。

・一六三九年　アルザスはフランスに征服される。

・一六四八年　ウエストファリア条約でアルザスの大部分は仏領になる。この当時地方政府ではドイツ語が話される。

・一八七一年　プロイセン王国は普仏戦争後アルザス・ロレーヌを国土の一部とした。一九一九年、第一次大戦後この地はフランスに併合される。この時代フランス化を促進する。

・一九四〇年春　フランスがドイツに敗れると、ドイツ敗北までドイツの支配となる。

・一九四四年　自由フランスがパリを奪還して新政府を樹立し、アルザス・ロレーヌを領有しフランス領とする。

凄まじい歴史である。この地方はフランス、ドイツの間を行ったり来たりしている。**国境は過去の合意にかかわらず、力関係の変化で国境線がずらされる。**

第二次大戦後、このアルザス・ロレーヌ地方で二つの出来事が起こっている。一つはアルザス・ロレーヌ地方でフランス化政策が強引に推進された。今一つはこの地域を欧州連合（EU）の都市とする試みである。欧州連合は欧州議会本部を、この地の中心都市ストラスブールに置いた。今ストラスブールを中心としたドイツ、フランス領にまたがるこの地域に「ヨーロ地域（Euro district）」と呼ばれる行政地域が設定され、両地域の協力と統合が推進されている。

かつての争いの地が今や協力の象徴的存在になろうとしている。

第二次大戦後、日本とドイツに対する扱いを比べると、圧倒的にドイツに厳しかった。ソ連はポーランドの東部地域を自国領とした。その分、ポーランドの領土が西にずらされ、ドイツとの国境がオーデル・ナイセ線となる。オーデル・ナイセ線より東側に住んでいたドイツ人は追放された。ドイツからポーランドに割譲された土地は一一万二〇〇〇㎢である。日本で言えば沖縄県を含む九州地方（四万四四六六㎢）、四国地方（一万八三〇〇㎢）、中国地方五県（三万一九一七㎢）を合わせたより大きい地域である。港湾都市カリニングラードはソ連に割譲された。

ポツダム合意ではソ連がソ連支配地からの賠償の権利と、西側支配地域からの一〇％の工業能力が賠償として与えられた。さらにドイツ海軍や商船は三か国に分割し与えられた。

こうしたドイツ領に対する厳しい一環がアルザス・ロレーヌ地方のフランスへの分割である。市村卓彦『アルザス文化史』（人文書院）は一九五四年時点での言語の使用者を次のように記している。

	アルザス語	フランス語
オー・ラン県	四三万六〇〇〇人	三万二五〇〇人
バ・ラン県	六六万人	三万二四〇〇人

言語の使用者数で分かるように、この地域の住民はドイツ系のアルザス語使用者であった。

アルザス・ロレーヌ地方は、九州地方の七割くらいの面積の土地である。戦後九州くらいの土地が中国か韓国に割譲され、そこにいた住民は中国国籍か韓国国籍にさせられ、これまでの日本語から中国語か韓国語を強制的に話させられるようなものだ。

フランスがドイツに敗れた一九四〇年以来、この地はドイツ敗北までドイツ支配だった。当然ナチの協力者が出る。第二次大戦後アルザス地方で戦争犯罪人として約二万人が訴追され、刑事で五〇〇〇人、民事で六〇〇〇人が有罪となる（前掲『アルザス文化史』）。

戦後ドイツは連合国側に分割統治された。一九四九年第一回連邦議会が開催されるまで、「ナチス支配後あったのは国家的真空であった」(コンラート・アデナウアー『アデナウアー回顧録』河出書房)状態である。テオ・ゾンマー『1945年のドイツ』(中央公論新社)は次のように書いている。

「ドイツを取り巻く戦後の状況を垣間見ただけでドイツ人の気持ちは突き落とされ、力は失われていった。ドイツという国がなくなっていたのである。ドイツが倒壊した中で国家を作る三つの要素が消滅していった。国際的にも国内法的にも明確に定義されることのできる国家権力がなく、領土もなく、そして国民もいなかった。

法学者たちは降伏後のドイツとは如何なるものであるか長い間議論を戦わせていた。戦勝国による共同統治なのか、超大国による共同の帝国の一部なのか、あるいは単に一時的に行為能力が制限された権利の主体と認められるのか。

一九四五年には如何なる疑念も存在していなかったからである。ドイツ人は自国の中で如何なる権利を主張することができなかった。占領国は法律を独自で制定する権力も有していた」

「ドイツを統治するためのあらゆる権力、つまりドイツ国防省や政府、行政府の権限、各州の市町村の権限は連合国という管財人に移行した」

アルザス・ロレーヌ地方がフランスの領土になり、ドイツ系が苛酷な運命をたどっていたとしてもドイツとしてなす術がなかった。
交渉する本体、ドイツ国はなかったのである。

†ドイツの選択

こうした中、ドイツはどう生きたか。臥薪嘗胆、捲土重来、次の時を待ったか。一九四九年から一九六三年ドイツ首相の任にあったアデナウアーは次のように述べている（前掲『アデナウアー回顧録』）。

「新しいドイツ人は断固たるヨーロッパ人たるべきである。そうすることによってのみ、ドイツは世界に平和を保障される」

ドイツは奪われたものを奪いかえす道を選択しなかった。むしろ奪われたものを欧州全体のものとする制度を求めた。これにフランス側も呼応する。国際社会も呼応する。長年独仏間の戦争の火種であったルール地方の石炭はフランスが管理するのではない。この資源は、フランス、ベルギー、ルクセンブルグの炭鉱と一緒になって、欧州石炭鉄鋼連盟の管理となった。アルザス・ロレーヌの中心地ストラスブールは欧州議会本部を持つことによって、欧州の都市としての道を歩み、繁栄を始めた。

第二次大戦後、多くの領土を喪失したドイツは歴史の中で新しい生き方を見いだした。独仏間の過去の歴史は臥薪嘗胆、捲土重来の繰り返しであった。奪われた土地は力でもって取り返す。絶え間ない戦争があった。しかし第二次大戦後のドイツは新しい道を探り出した。敗戦の結果、奪われることとなった運命は受け入れる。同時に、相手国、さらにはその他の国をも含むEUという組織の中核となる道を選択し、今日ドイツはEU内で最も影響力のある国家となっている。

ドイツは国家目的を変更した。「自国領土の維持を最重要視する」という古典的生き方から、「自己の影響力をいかに拡大するか」に切り替えた。その影響力は自己の領土を越えたものである。

今日世界各地の行政機構の中で最も重要なのは金融である。欧州には欧州中央銀行がある。この銀行はユーロ圏一六か国の金融政策を担う。従って欧州中央銀行は世界でも重要な中央銀行の一つである。この欧州中央銀行は、①本店はドイツのフランクフルトにある、②その組織はドイツ連邦銀行の組織に近い、③その政策は通貨の安定を主たる目的としており、ドイツの金融政策に近いという特色を持つ。

これを見ても、ドイツが欧州中央銀行に特別の影響力を持っていることが分かる。ドイツは大量の領土の喪失ということで「名」を捨てた。しかし、ドイツの領域を越え、欧州全域の金融政策の指導的立場を取るという「実」を得た。別の表現をすれば、ドイツは敗戦で名を捨てざるを得なかった。

その環境の中で**積極的に名を捨てる姿勢を貫き、他方で実を取る戦略を打ち立てた**。その戦略は、ドイツ首相アデナウアーが打ち立てた。シュミット首相（一九七四年－一九八二年）はドイツ社会民主党を基盤とし、アデナウアーはキリスト教民主同盟（CDU）を基盤とし、両者の政党基盤は異なる。しかし、「失ったもの（領土）は求めない、その代わり欧州の一員となりその指導的立場を勝ち取る」という国家目標は同じである。

第二章

尖閣諸島をめぐる日中の駆け引き

——戦後の尖閣諸島史

一　尖閣諸島の歴史的背景

†尖閣事件

二〇一〇年、尖閣諸島問題は突如緊迫した。時系列に出来事を見てみたい（出典：日本経済新聞）。

・九月七日　中国漁船が海上保安庁の巡視船に衝突、船長の逮捕状を請求。夜官邸で協議し、逮捕の方向を確認

・九月八日　公務執行妨害で逮捕、外務報道官は「今回の事件は我が国領海内で公務執行妨害であると位置づけられると考え、今回の事案が日中関係に悪影響を与えることはないと考えています」と発表

・九月九日　石垣海上保安部が船長を公務執行妨害容疑で那覇地検石垣支部に送検

・九月一一日　中国外務省、ガス田に関する日中交渉中止を発表

・九月一九日　中国外務省、閣僚級の交流を中止と発表

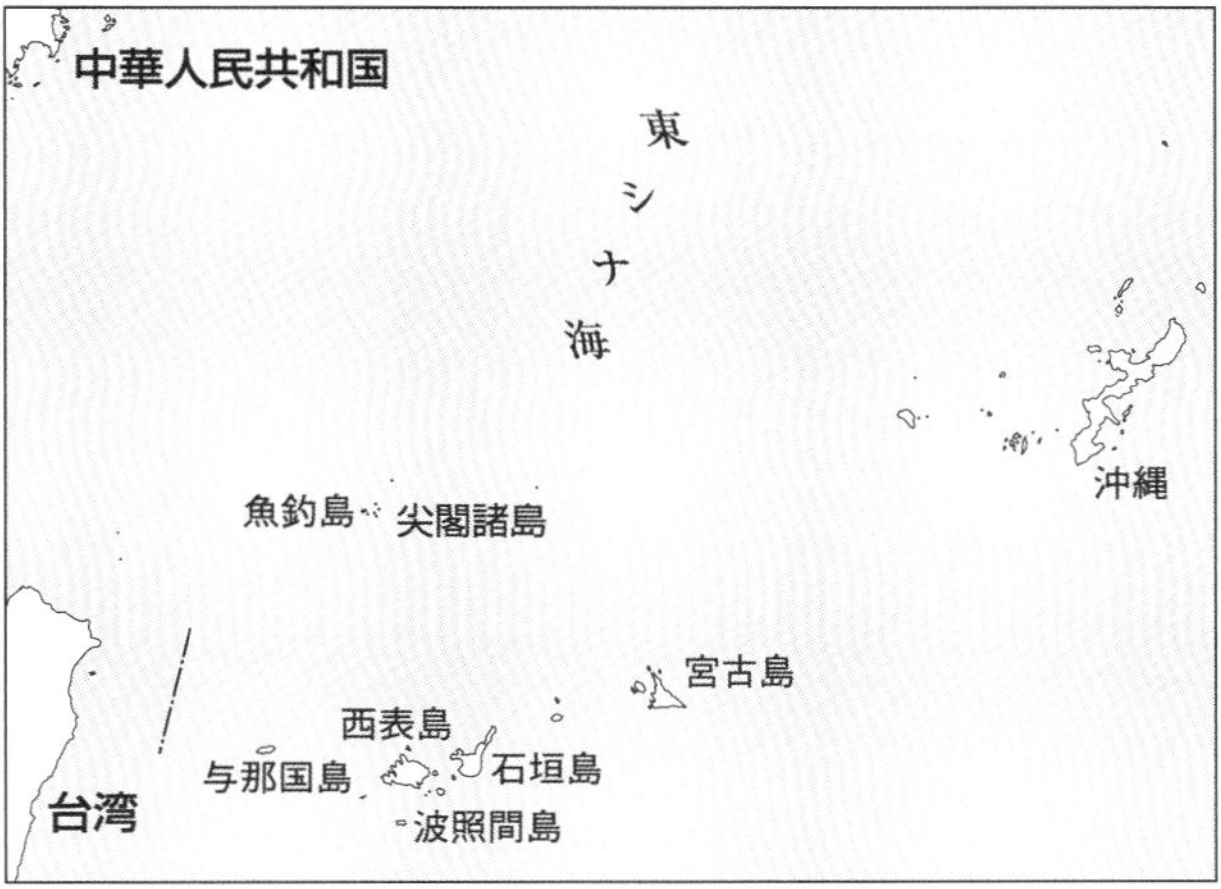

・九月二三日　中国、軍事管理地域に侵入したとして日本人を拘束
・九月二三日　中国はレアアース（希土類）の日本輸出差し止めが判明（二四日朝日新聞）
・九月二四日　那覇地方検察庁が船長を処分保留で釈放と発表

こう見ると、二〇一〇年の尖閣諸島問題はさして大きい事件のように見えない。死傷者が出たわけでない。一隻の中国漁船が海上保安庁の巡視船に意図的にぶつかった、日本政府は公務執行妨害で裁こうとした、しかし中国の対抗措置にあい釈放した事件である。事実を列挙してみると表面上深刻に見えない。

しかし日本の世論は沸き立った。二〇一〇年の十大ニュースでは圧倒的に「中国漁船、尖閣沖で巡視船と接触」が第一位である(毎日.jp、共同通信社等)。二〇一〇年の尖閣諸島問題はこの年、日本国民の関心を最も引きつけただけではない。**将来の日中関係に影響を与える新たな状況を作り出している。**

九月七日中国漁船が海上保安庁の巡視船に衝突した。そして翌八日中国人船長が逮捕された。この事件の裏に、次の動きがあった。

第一は領有権をめぐる動きである。尖閣諸島は日本も中国も領有権を主張している。しかし、菅政権は尖閣諸島を「領有権の問題はそもそも存在しない」とし、尖閣諸島をめぐる動きについては「国内法で粛々と対応する」とした。このことは将来、中国が「国内法で粛々と対応する」道を開いた。双方が国内法で粛々と対応する方針をとれば、武力紛争につながる。

第二に、日中間には尖閣領有権問題は棚上げにするとの暗黙の合意があった。これを**菅政権は「棚上げ合意は存在していない」という立場をより鮮明にした。**

第三に、紛争を避けるため、日中双方は尖閣諸島周辺も含め漁業協定を締結してきた。ここでは不慮の事故を避けるため、「中国の船が違反操業をしている時には日本側は操業の中止を呼びかけ、その地域から中国船を退去させる、違反の取り締まりは中国側に通知し、中国側に処理を求める」を主な内容としている。

しかし今回、中国漁船の違反に対して**日本は日中漁業協定で処理する立場をとらず、国内法で対処した。**このことは、尖閣諸島の領有を主張する中国が国内法で処理する道を開いた。

†尖閣の歴史をめぐるすれ違い

尖閣諸島をめぐる歴史を、日中にいかなる主張の異なりがあるかの視点で見てみたい。

「はじめに」で書いたように、尖閣諸島をめぐる議論をする時、日本人は「尖閣諸島は日本固有の領土である」という。しかし「尖閣諸島はいつから日本の領土になってますか」と問うと皆、びっくりする。固有の領土だから、古代からと思っている。しかし一八七〇年代以前に、尖閣諸島が日本の領土であったことはない。

・争点一「歴史的にどちらが先に領有を主張したか」

尖閣諸島は人の定住も難しい島である。従って歴史的に見れば、中国人も日本人も定住していない。古代、中世にこの地に日本人、中国人がどのように接していたかが、領有権主張に影響を与える。

日本は、「明治一八年（一八八五年）以降沖縄県当局を通ずる等の方法により再三にわたり現地調査を行い、これらの島々が単に無人島であるだけでなく、清国を含むどの国の支配も及んでいないことを慎重に確認した上で、沖縄県編入を行い」「この行為は、国際法上、正当に領有権を取得するためのやり方に合致しています（先占の法理）」としている（外務省「尖閣諸島に関するQ&A」）。

日本では尖閣諸島を国際法でいう「無主の地」と位置づける考え方が有力である。たとえば二〇一〇年一〇月五日付赤旗は次のように記述している。

「尖閣諸島の存在は、古くから日本にも中国にも知られていた。しかし、中国の文献にも、中国の住民が歴史的に居住していたことを示す記録はなく、明代や清代に中国が国家として領有を主張していたことを明らかにできるような記録はない。

近代にいたるまで尖閣諸島はいずれの国の支配も及んでいない、国際法にいう〝無主の地〟であった。

無主の地に一八八四年探検したのは古賀辰四郎だった。古賀氏は翌八五年に同島の貸与願いを申請した。日本政府はその後、沖縄県などを通じてたびたび現地調査を行った上で、一八九五年閣議決定によって尖閣諸島を日本領に編入した。歴史的にはこの措置が尖閣諸島に対する最初の領有行為である。これは〝無主の地〟を領有する〝先占〟にあたる」

では中国側はどう言っているか。北京週報一九九六年No.34「釣魚島に対する中国の主権は弁駁を許さない」を見てみたい。

「中国が最初に釣魚島を発見し中国の版図に入れた。

沖縄海溝一帯の風波が高く、古代の木造船が琉球から釣魚島に行くのは不可能であり、他方釣魚島付近は魚類が豊富なため台湾の漁船はよくこの一帯に行っていた。だから中国の古代の史書は釣魚島と称している。

一六世紀から中国の歴史的文献にはすでに釣魚島についての記載がある。一五三四年冊封使陳侃は赤尾嶼（釣魚群島の一部）を過ぎ、さらに東に進むと〝琉球に属する古米山（久米島）〟が見えてくると書いている。これはつまり、古米山以西の赤尾嶼などの島嶼は中国の領土である。一五六二年、明朝のもう一人の冊封使は〝赤尾は琉球地方と界する山なり〟と書いている。明の嘉慶年間に出版された『日本一鑑』も〝釣魚島は小島小嶼なり〟と書かれている。〝小島〟とは同書の付図の指す台湾であり、ここでは〝釣魚島は台湾に付属する小さな島である〟という意味である。清朝の時期になると、別の冊封使汪楫は一八六三年赤尾嶼と古米山の間に深い海溝があり、これが〝中外の界〟であると一層はっきり書いている。以上の事実は、釣魚島は中国人が最初に発見したものであり、しかも一六世紀からすでに中国の版図に入ったことを示している。在来の国際法の〃発見〃を領土取得の根拠にすることができるという規定にもとづけば、釣魚郡島は遅くとも一六世紀から中国の領土となっている」

一五五六年明は胡宗憲を倭寇討伐総督に任命したあと、彼はその編纂した『籌海図編』の中で釣魚島などを中国福建省海防区域に入れている。

一八九三年西太后は盛宣懐に釣魚島を下賜する詔書を出した。この問題については井上清『「尖閣」列島』（第三書館）に次の記述がある。

「一九七一年私ははじめて沖縄を旅行した。〃尖閣列島〃は果して昔から琉球領であったかどうか、それをたしかめる史料を得たいとも願っていた。私の貧弱な琉球史に関する知識では、この島々が琉球王国領であったという史料は見たことがないので、沖縄の人に教えを受けたいと思っていた。さいわいこの旅行中に、沖縄の友人諸氏の援助をうけて、私は、いわゆる〃尖閣列島〃のどの一つの島も、一度も琉球領であったことはないことを確認できた。のみならず、それらの島は、元来は中国領であったらしいこともわかった」

尖閣諸島が「日本固有の領土であるか否か」は歴史的に尖閣諸島が中国に属していたか、沖縄に属していたかである。文献は圧倒的に中国に属していたことを示している。

また日本においては、「無人島であるだけでなく、清国を含むどの国の支配も及んでいなかった。一八九五年閣議決定によって尖閣諸島を日本領に編入した。この行為は、「〝無主の地〟を領有する〝先占〟にあたる」としている。ここで「〝無主の地〟を領有する〝先占〟」という国際法の概念が出てくる。浦野起央『尖閣諸島・琉球・中国』（三和書籍）では「奥原敏雄ら尖閣研究会グループ、及び松井芳郎、さらに太寿堂鼎、緑間栄、勝沼智一、仲里譲、尾崎重義らの国際法学者が、先占の法理に基づいて尖閣諸島の日本領有論を展開している」と記述している。

この「先占の原則」とはどういうものであるか。太寿堂鼎『領土帰属の国際法』（東信堂）から見てみたい。

・領土取得の方法としての先占の原則は、国際関係において全く特殊な条件の下に出現した。植民地獲得の熱望にかられた諸国の間に新しく発見された土地を分割する問題を解決する可能的な手段として先占の原則が考え出された。従って先占原則は、近世における植民という社会現象との関連においてのみ、国際関係にも立ち現れた。

・国際法上の先占を初めて自覚的に理論構成をしたのはヴァッテルであろう。ヴァッテルは次のように述べている。

「すべての人はまだ誰にも所有されていないものに対して平等の権利を持つ。そしてこれらの物は真に占有した者に属する。ある国が人の住んでいない無主の土地を発見した時には、その国は合法的にその土地を占有することができる。そしてこの点に関する意志が十分に表明された時には、その国は合法的にその土地を占有することができる（省略）。このようにして航海者がその主権者から委任を受けて発見の航海を行っている時に、島またはその他の無人の島を見つけて、その国の名においてこれを占有した」

・かくしてヴァッテルの構成した先占法規の内容は次のとおりである。

第一　先占の主体は国家である。

第二　先占の客体は無主の土地である。しかし人が住んでいても、遊牧民の土地は先占しうる。

第三　先占の精神的要件として、国家の意思が十分に表明されなければならない

第四　先占の実体的要件として、現実の占有が行われなければならない。

・非ヨーロッパの人民が居住し、プリミティヴながら支配形態が存在する地域を先占によって獲得しうるために、なお何らかの正当づけが求められた。

・新たに獲得すべき未先占の土地が豊富にあった時は、先占の要件はそれほど厳格に解さなくともよかった。しかし一九世紀になって、植民地分割が大きな意義をもって来ると、次第に限られた未先占の土地に対する各国の獲得競争は、いよいよ熾烈となる。そして、先占の条件を厳格にすることは、特に従来の植民国の利益に合致する。それで、従来の

先占法規に検討が加えられ、実効的占有の必要が説かれるに至る。
・二〇世紀に入って植民地分割が完了したことは、領域取得の権原としての先占の意義を減少せしめた。
著者の太寿堂鼎氏は京都大学法学部長、国際法学会理事長を歴任された方である。彼は先占原則を植民地分割の法理と位置づけている。

確かに先占の条件は今日では「国家の意思が十分に表明されなければならない」「現実の占有が行われなければならない」との条件が出てきているが、太寿堂鼎氏の説では「未先占の土地に対する各国の獲得競争は、いよいよ熾烈となる」結果として出てきた条件である。一九世紀以前には、漠としてであっても中国の管轄圏内に入っていた尖閣諸島に対して、「これは〝無主の地〟を領有する〝先占〟にあたる」の論理がどこまで説得力があるか疑問である。

†尖閣の編入をめぐるすれ違い

・争点二「一八九五年尖閣諸島の日本併合をどうみるか」
日本は、「清国の支配が及んでいる痕跡がないことを慎重に確認した上で、一八九五年一月一四日に現地に標杭を建設する旨の閣議決定を行って、正式に日本の領土に編入しました。（中略）尖閣諸島は、一八九五年五月発効の下関条約第二条に基づき、日本が清国から割譲を受けた台湾及び澎湖諸島には含まれません」（外務省「尖閣諸島に関するQ&A」）としている。

これに対して中国はどう見ているか。同じく北京週報一九九六年No.34「釣魚島に対する中国の主権は弁駁を許さない」を見てみたい。

「古賀辰四郎が一八八四年に〝発見した〟として沖縄県に借用を申請した。しかし日本政府はすぐ日本の版図にいれると日本が中国を侵略する野望があると疑われることを憂慮した（注、日本外務省『公文別録』明治一五年から一八年第四巻に山県有朋内務卿は一八八五年一二月五日〝国標建設につき、清国との交渉が絡み目下の情勢では時宜に合わないと考えるとの結論を下した〟との記述有り）。甲午戦争（日清戦争、一八九四年―一八九五年）が勃発した翌年（一八九五年）、清朝は敗戦した。日本は時機が来たと見て、まず勝手に釣魚群島を日本の〝版図〟に入れ、つづいて清朝政府に迫って不平等の〝馬関条約（下関条約）〟を締結させ〝台湾全島とそれに付随する全ての島嶼〟を割譲させた。侵略行為である。近代国際法によれば、侵略行為は合法的権利を生み出せない。第二次大戦後、日本は釣魚島を台湾、澎湖等と一緒に中国に返還しなければならなかったのである」

「一八七九年から一八九〇年にかけて日本が清朝と琉球問題について交渉した時、双方は琉球の範囲は三六の島嶼に限られ、釣魚島はその中に入っていないことを一致認定した」

ここでも、**尖閣諸島を台湾の一部と見るか、沖縄の一部と見るかで対応が異なる。**中国は一貫して尖閣諸島は台湾の一部と主張している。

†第二次大戦後の認識のすれ違い

・争点三「尖閣諸島は日本の下、及び第二次大戦後沖縄の一部として扱われたか、台湾の一部として扱われたか」

日本側の立場は「尖閣諸島はサンフランシスコ平和条約第三条によって、南西諸島の一部として、米国の施政権下に置かれたため、その後昭和四七年（一九七二年）五月一五日に、尖閣諸島を含む沖縄の施政権が日本に返還されるまでは、日本が尖閣諸島に対して直接支配を及ぼすことはできませんでした。しかし、その間においても、尖閣諸島が日本の領土であって、いかなる第三国もこれに対して権利を有しないという同諸島の法的地位は、琉球列島米国民政府及び琉球政府による有効な支配を通じて確保されていました」である（外務省「尖閣諸島に関するQ&A」）。

また二〇一〇年一〇月五日付「赤旗」は次のように記述している。
「中国は一八九五年から一九七〇年までの七五年間、一度も日本の領有に異議も抗議もおこなっていない事実がある」

これに対して中国側は次の反論を行っている。

①東京裁判所は、一九四四年釣魚群島は「台湾州」の管轄とした。日本支配下の台湾警備府長官だった福田良三も釣魚群島が彼の管轄区内であることを認めた。

②米国国務省のマックラウスキーは「沖縄を返還する時、米国は施政権を日本側に返還するが、米国は施政権と主権が別個のものであると考える、主権問題をめぐり食い違いが出た時には当事国が協議して解決すべきである」と解釈した。

③一九五〇年六月二八日、周恩来外交部長は「台湾と中国に属するすべての領土の回復」をめざす中国人民の決意について声明をおこなった（注：一九七一年一二月三〇日釣魚島の所有権問題に関する中国外交部声明において言及）

④一九七〇年中華民国政府外交部声明
「中華民国政府は米国の釣魚台列嶼を琉球群島と一括して移管する意向の声明に対し、とくに驚いている。同列嶼は台湾省に付属して、中華民国領土の一部分を構成している

ものであり、地理位置、地質構造、歴史連携ならびに台湾省住民の長期にわたる継続的使用の理由に基づき、すでに中華民国と密接につながっており、中華民国政府は領土保全の神聖な義務に基づき、いかなる状況下にあっても、絶対に微小領土の主権を放棄することはできない。これが故に、中華民国政府はこれまで絶え間なく米国政府および日本政府に通告し、同列嶼は歴史上、地理上、使用上および法理上の理由に基づき、中華民国の領土であることは疑う余地がないため、米国が管理を終結したときは、中華民国に返還すべきであると述べてきた」

⑤一九七一年一二月三〇日釣魚島の所有権問題に関する中国外交部声明

「このほど、米日両国の国会は沖縄返還協定を採決した。この協定のなかで、米日両国政府は公然と釣魚島などの島嶼をその返還区域に組み入れている。これは、中国の領土と主権にたいするおおっぴらな侵犯である」

⑥一九七二年五月二〇日中国は国連事務総長へ書簡を発出し、この中で「米国は中国の領土釣魚島等の島嶼を公然と返還区域に入れたことである。これは中華人民共和国の領土・主権を侵犯する重大な行動である」と記述した。

中国側は一貫して、尖閣諸島（釣魚島）は台湾に属しているとの立場をとっている。一九五一年署名のサンフランシスコ平和条約では「日本は台湾に対する全ての権利、権原及び請求権を放棄する」と規定している。

したがってこの立場をとれば、「中国は一八九五年から一九七〇年までの七五年間、一度も日本の領有に異議も抗議もおこなっていない事実がある」との「赤旗」紙の指摘は必ずしも正確ではない。

二　国交回復と日中平和友好条約

†国交回復時の合意と一九七八年の処理

二〇一〇年の尖閣諸島での緊迫は突然訪れたわけではない。むしろ、一九七二年に日中**間で国交正常化が図られる中でも、日中双方は尖閣諸島を十分意識している。**

一九六九年、中ソ国境衝突を経験している中国側は、領土問題が武力衝突に発展する危険性を察知している。かつ領土問題が数回の交渉で解決するものでないことも知っている。しかし当時、日本は経済力で中国を圧倒していた。そんな日本の経済力を中国の発展に利用したいという思惑もある。

これらの事情を背景に、中国側は尖閣諸島問題の「棚上げ」を提案し、日本側がこれに同意する形で日中関係が進展する。

ここで十分理解しておくべきは、**「棚上げ」は決して中国に有利な解決手段ではないことである。棚上げは日本の実効支配を認めることだからだ。かつ中国側は実力で日本の実**

効支配を変更することを求めないことを意味する。

尖閣諸島を巡る日中間の協議は一九七二年田中角栄が中国を訪問し、日中国交回復を行った時から始まる。中国側は「両国の指導者は、中日友好の大局を配慮することから出発して、釣魚島主権の帰属問題を一時棚上げにし、子孫に残して解決させることに一致合意した」と述べている。

他方日本側は最近、棚上げの合意はないと主張している。「田中総理・周恩来総理会談記録」（日本政治・国際関係データベース、東京大学東洋文化研究所）は、次のように記している。

「（周恩来）日中は大同を求め小異を克服すべきである。

（田中）大筋において周総理の話はよく理解できる。具体的問題については小異を捨てて、大同につくという周総理の考えに同調する。

（田中）尖閣諸島についてどう思うか？　私のところに、いろいろ言ってくる人がいる。

（周恩来）尖閣諸島問題については、今回は話したくない。今、これを話すのはよくない。石油が出るから、これが問題になった。石油が出なければ、台湾も米国も問題にしない」

周恩来は「今回は話したくない。今、これを話すのはよくない」と述べている。実質的には尖閣諸島の棚上げを提案したと言ってよい。この周恩来の発言に対して田中は「具体的問題については小異を捨てて、大同につくという周総理の考えに同調する」として周恩来の提案を受け入れる姿勢を出している。

棚上げという言葉は使用していない。しかし、中国側は実質的には「棚上げ」を提案し、日本側はこれを受け入れている。

すでに述べたように、一九七八年四月、中国漁船約一四〇隻が尖閣諸島周辺に集結し、そのうち約一〇隻が領海内に侵入した。日本側巡視船が退去を求めたが動かず、二週間後突然退去するという事態である。この処理に日本側は苦慮し、中国側と協議する。この時の日中間のやりとりについては、日本側の公表文書はない。石井明編『日中国交正常化・日中平和友好条約締結交渉』(岩波書店)に次の記載がある。

「五月一〇日佐藤駐中国大使が韓念龍次官と会談した。尖閣問題について日本側より持ち出した。韓念龍次官が会談を打ち切ろうとしたが、同席した堂ノ脇公使が〝最終決着をしないで会談を終えれば条約(日中平和友好条約)は結べなくなる〟と食い下がった。そうした押し問答の末、結局中国側も日本側が示した点を確認した。

・尖閣諸島問題は大局的見地に立って処理することとし、この問題に関する国交正常化の際の双方の態度に変わりはない」

ただし、私がこの当時の日本側関係者に直接問い合わせたところ、この記述は正確でないとの返答をいただいている。

†暗黙の合意

日中間で尖閣問題についてもっともつっこんで議論したのが、日中平和友好条約時における鄧小平・園田外相会談である。この時、鄧小平が尖閣諸島の棚上論を述べている。重要なこの発言に関する説明のいくつかを見てみたい。

・鄧小平副総理の日本記者クラブの内外記者談話要旨を伝えた邦字紙（『日中関係基本資料集』）

「国交正常化の際、双方はこれに触れないと約束した。今回平和条約交渉の際も同じくこの問題に触れないことで一致した。両国交渉の際はこの問題を避けるのがいい。こういう問題は一時棚上げして構わないと思う。一部の人はこういう問題にかりて、日中関係に水をさしたがっている」

・張香山（元中国国際交流協会副会長）の説明（『日中関係の管見と見証』三和書籍）

「(鄧小平の発言) 両国の間には問題がないわけではない。たとえば、日本が言うところの尖閣列島、中国では釣魚島と呼ぶが、この問題もあるし、大陸棚の問題も存在している。日本では一部の人がこの問題を利用して〝友好条約〟の調印を妨害した。私たちの中にも米国に留学し米国の国籍に入った華僑の中にも、台湾にもこの島を守りたい人がいる。この様な問題については今詰めない方がよい。〝平和条約〟の精神で何年か脇においても構わない。何十年たっても、この問題が解決されなければ友好的につきあいができないというわけではないだろうし、〝友好条約〟が執行できないわけでもないだろう。釣魚島問題は脇においてゆっくり考えればよいではないか。

鄧小平がふれた問題に園田外務大臣は次のように述べた。〝この問題について、日本国の外務大臣としてひとこと言わなければならない。尖閣列島に関して日本の立場はご存じかと思う。今後このような偶発事件――中国の漁船が一度釣魚島に入ったことをさす――が起こらないよう希望している〟。この園田発言に対して鄧小平は〝私にもひとこと言わせてもらいたい。このような問題を脇において、我々の世代は問題の解決を見つけていないが、我々の次の世代、また次の世代は必ず解決方法を見つけるはずである〟。

・当時の外務大臣園田直の説明(園田直『世界日本愛』第三政経研究会)

「鄧副主席との会談で一番苦労したのは尖閣諸島の領有権の問題を何時のタイミングで言い出すかという一点だけでした。尖閣諸島については今度の話合いの中では持ち出すべきでないというのが、私の基本的な考えでした。

何故かと言えば、尖閣諸島は昔から日本の領土で、すでに実行支配を行っている。それをあえて日本のものだと言えば、中国も体面上領有権を主張せざるをえない。

勇を鼓して尖閣諸島は古来我が国のものでこの前のような〝偶発事故〟を起こしてもらっては困るとこう言ったんだ。

鄧小平はにこにこ笑って〝この前のは偶発事故だ。もう絶対やらん〟とね。もう私はその時天に祈るような気持ちで気が気じゃない。万が一にも鄧小平の口から〝日本のものだ〟とか〝中国のもんだ〟なんて言葉が飛び出せばおしまいですからね。

そしたら〝今までどおり二〇年でも三〇年でも放っておけ〟と言う。言葉を返せば、日本が実行支配しているのだから、そのままにしておけばいいというのです。でそれを淡々と言うからもう堪りかねて鄧さんの両肩をグッと押さえて〝閣下、もうそれ以上いわんで下さい〟人が見ていなければ鄧さんに〝有り難う〟と言いたいところでした」

園田外務大臣は「尖閣諸島については今度の話合いの中では持ち出すべきでないという

のが、私の基本的な考えでした」ということは、実質日本は「棚上げ」で会談に臨んだと言うことである。この会談では鄧小平は「棚上げ」を提示した。園田外相は「この問題にひとこと言わなければならない。偶発事故が起こらないように希望している」とだけ述べている。このことは、基本的に鄧小平の「棚上げ」を認めているから、そういう発言になる。棚上げという言葉の合意は別として「これ（領有権問題）に触れない」という暗黙の合意が存在している。

†何度も確認されている尖閣問題の「棚上げ」

・鄧小平副首相の訪日時

鄧小平は一九七八年一〇月訪日している。この時、すでに見たように、尖閣諸島に関して「この問題は話合わない方が良いことについて一致した」と述べている。

福田赳夫首相－鄧小平副首相会談が首相官邸で行われているが、ここで尖閣諸島についていかなる話し合いがあったかは公表されていない。私の知りうる範囲では、公式会談が終了し、福田赳夫と鄧小平が談笑する際に、鄧小平が棚上げに言及し、福田赳夫は特にコメントしなかったということのようだ。

・一九九〇年の再確認

尖閣問題の棚上げは、その後も外交ルートで確認されている。一九九〇年一〇月、中国の外交部副部長が橋本駐中国大使を招き確認している。

「斉懐遠中国外交部副部長は十月二十七日午後、橋本駐中国日本大使を緊急に招いて会見し、中国政府の立場を次のように伝えた。

釣魚島は昔から中国の領土であり、中国はそれに対し争う余地のない主権を持っている。日本がこの問題について見解を異にしていることを、われわれも知っている。このため、中日国交正常化交渉のとき、われわれ双方は問題を〝後日に棚上げ〟にすることに同意した。中国側は、われわれ双方がそのときこの問題について到達した了解事項は非常に重要なもので、両国の友好協力関係の発展に有利であると認めている」（データベース『世界と日本』、日本政治・国際関係データベース、東京大学東洋文化研究所、田中明彦研究室、［文書名］釣魚島、国連平和協力法案についての斉懐遠外交部副部長の橋本駐中国大使に対する談話）

これに対する橋本駐中国日本大使の反応は記載されていない。橋本駐中国日本大使は日中国交回復交渉時、中国課長として、重要な首脳会談に出席し、棚上問題に最も精通した人物である。この場において橋本大使は基本的に「尖閣諸島の棚上げ」に同意していると見られる。

一連の流れをみると、尖閣諸島の「棚上げ」を巡っては日中間に微妙なやりとりがなされている。今、日本政府は「棚上の合意はない」との立場を打ち出しているが、本当にそう割り切っていいのか。これは客観的な評価を早急に行う必要がある。時々の政権が自己の都合の良いように解釈していい案件ではない。早く関連資料を公開し、世間に実態を把握して貰う必要がある。

関連情報の開示が強く求められる。

†日中漁業協定の動き

漁業協定は一見地味な協定である。主たる目的は「漁業資源を保存し及び合理的に利用するため」のものである。

しかし、**尖閣諸島で日中双方が主権を主張する中、漁業協定は極めて重要な役割を担う。尖閣諸島周辺で漁業を発端に武力行使に発展するのを防ぐ目的を持つ。**

日中漁業協定には「一九七五年協定」と、一九九七年調印、二〇〇〇年六月に発効した「二〇〇〇年協定」がある。二〇〇〇年協定では「北緯二七度以南の協定水域においては既存の漁業秩序を維持する」(水産庁「日中漁業協定の概要」)とされている。これは明らかに尖閣諸島周辺を対象に含むものである。

漁業協定の基本的哲学は「自国の機船に対して適切な指導及び監督を行い、並びに違反事件を処理する」「他方の締約国に対し、当該地方の締約国の機船の違反した事実及び状況を通報することができる。当該他方の締約国は、当該一方の締約国に対し、違反事件の処理の結果を速やかに通報する」（一九七五年協定第三条）とし、相手国船に直接接触しないことにある。相手国の公権力が接触すると、無用の摩擦を起こす危険があり、これを回避したものである。

二〇〇〇年協定で「北緯二七度以南の協定水域においては既存の漁業秩序を維持する」の意味するものは自民党の河野太郎議員のブログ「日中漁業協定」（二〇一〇年九月二八日）に詳しい。

「北緯27度以南は、新たな規制措置を導入しない。現実的には自国の漁船を取締り、相手国漁船の問題は外交ルートでの注意喚起を行う。（尖閣諸島はこの水域に入る）」

「尖閣諸島を含む北緯27度以南の水域では、お互いが自国の漁船だけを取り締まる。中国船はかわはぎを狙って数百隻がこの水域で漁をするが、日本は11月頃のカツオ漁の船が中心で数も少ない。

海上保安庁は、尖閣諸島周辺の領海をパトロールし、領海内で操業している中国船は、違法行為なので退去させる。操業していない中国漁船については無害通行権があり、領

日中漁業協定水域図

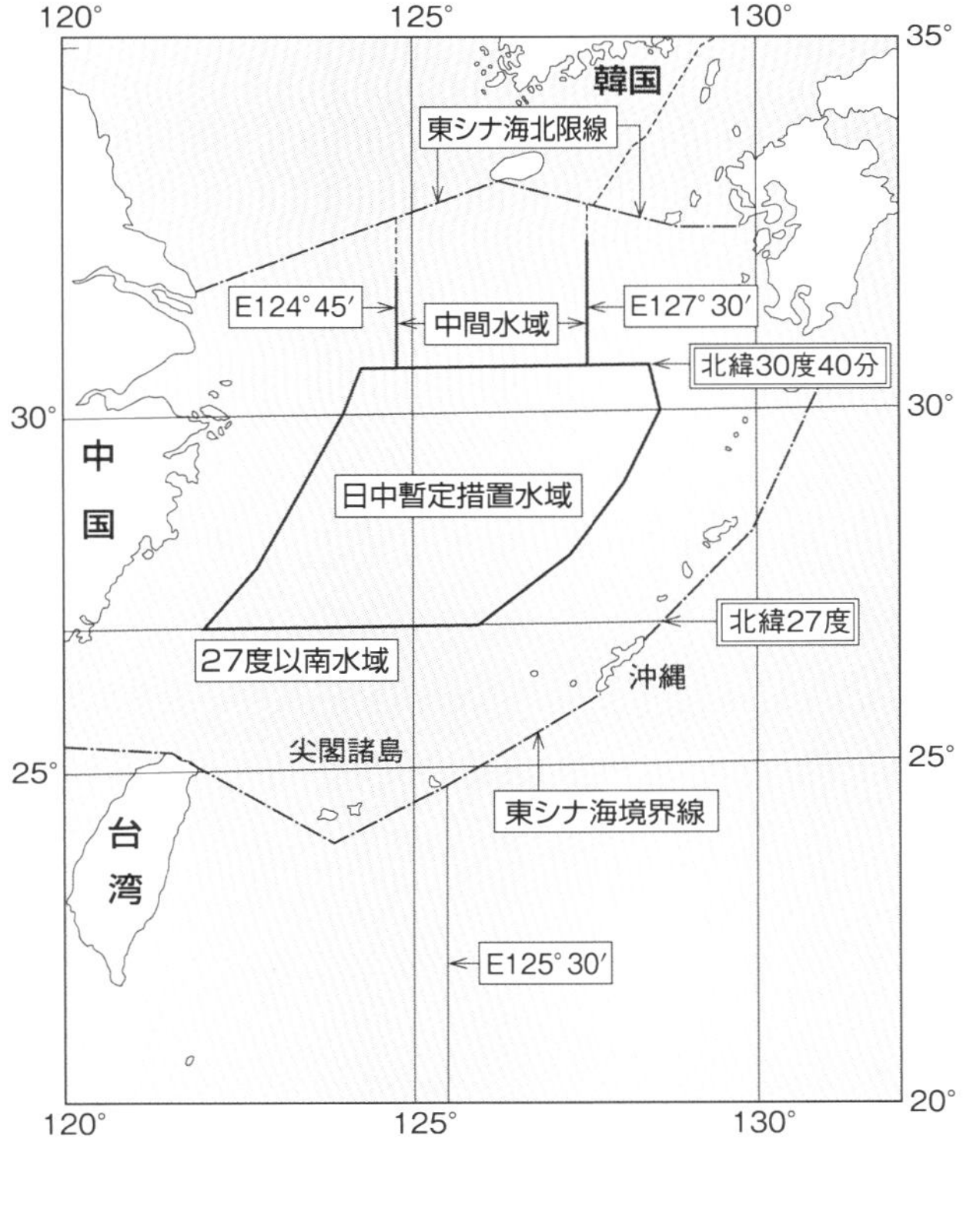
120°
125°
130°
35°
30°
25°
20°
韓国
東シナ海北限線
E124°45′
中間水域
E127°30′
北緯30度40分
中
国
日中暫定措置水域
北緯27度
27度以南水域
沖縄
尖閣諸島
東シナ海境界線
台
湾
E125°30′

海外に出るまで見守る」

二〇〇〇年の日中漁業協定は明らかに「尖閣諸島周辺の地域が対象になる」「お互いが自国の漁船だけを取り締まる」こととしている。漁船をめぐる紛争で日中間の緊張を防ぐ枠組みが形成されている。

二〇一〇年九月、日本が中国漁船に停船命令を出し、臨検の動きを見せていたことは、明らかに日中漁業協定の合意内容に反する行動である。

†中国の強硬路線の背景

一九九二年二月、中国第七期全国人民代表大会常務委員会第二四回会議で「中華人民共和国領海および隣接区法」は「台湾及びその釣魚島を含む付属諸島は中華人民共和国に属する島嶼である」と明文化された。

中国では一九八九年天安門事件が勃発し、失脚した趙紫陽に代わり、江沢民が保守派の支持の下、党総書記となった。この時期はソ連崩壊の時期と重なる。ソ連崩壊によって、共産主義イデオロギーで国民の支持を得ることは困難であることが明白になった。

この中、共産党はどうして国民の統治を確保するか。この時点ではまだ中国の経済水準は高くない。江沢民総書記は愛国主義を全面に出した。これで中国の統治を図った。その格好の対象が日本である。

江沢民は歴史問題で日本を激しく批判するなど厳しい反日・強硬路線を採った。これが「中華人民共和国領海および隣接区法」の採択につながる。

領土問題は領土問題単独では問題にならない。一番多いケースは国の内外情勢が悪い時、ナショナリズムを煽り、世論の支持を得ようとすることである。一九九二年中国が「中華人民共和国領海および隣接区法」を決定したのも、この動きの典型である。

周恩来、鄧小平が中国を指導していた時には尖閣諸島を「棚上げ」にして紛争を避けることが重要だという考え方が支配的であった。しかしその考えは中国の中でも次第に弱体化しつつある。

政治家が対外的に強硬姿勢を取ることは、どの国でも最も安価に支持率をあげうる手段である。

†二〇一〇年は歴史的転換点

日本は尖閣諸島を自国領だと主張している。中国も自国領だと主張している。領土問題は、①ライバル関係、②全般的な敵対関係、③資源関係がからむ時、などに、しばしば武力衝突に向かう。日中間のライバル関係は危険な状況に入る。

日清戦争以前から、日本が軍事、経済のいずれでも中国を圧倒した。それが二〇一〇年には中国のGDPは約五兆八八一二億ドルとなり、とうとう日本の上にいった。驚くべきは、中国の名目GDPが二〇年前、日本のわずか一割強に過ぎなかったことである。

中国には今「日本何するものぞ」という高揚感がある。「本来中国に属すべき島が、これまで不当に日本領になってきた、これを取り返したい」という高ぶりがある。これが尖閣諸島への領有権主張として現れる。他方、日本には、「中国は力をつけてきたから、かさにかかって、不当に領土要求を行っている」という感覚がある。

さらに、尖閣諸島周辺に眠る石油資源。領土紛争の過去の経緯からみると、尖閣諸島は紛争の起こりやすい事例である。

従って尖閣諸島を巡り、いかに紛争を起こさないかが日中外交の重要な課題であり、周恩来、鄧小平主導の下に、次の合意（暗黙の合意を含む）が成立していた。

・領土の主権をめぐる争いを当面棚上げ（外交関係で領有権を主張しあわない）にする。そのことは中国が尖閣諸島に対する日本の領有権を容認し、これに対する武力行使を抑制することを意味する。

・これを担保するため、最も紛争を起こしやすい漁業においては、日中漁業協定を締結する。ここでは自国船を管理し、相手国の船の管理は相手国に委ねる基本理念を採用している。

二〇一〇年、菅直人政権は、理解しているのか理解していないのか、この原則を次々と破っていくこととなる。

ある信頼できる政治家が、菅政権の責任ある政治家に対して「尖閣諸島で今政府の採用している政策は、緊張を低めようとするこれまでの日中関係を根本的に変えることになる」と警告したのに対して、「十分、認識している」と答えたということである。ちなみに、答えたその政治家は日米関係強化を最も強く主張している。

†尖閣問題の所在①「係争地であるという認識の排除」

平成二二年六月八日、菅総理は「尖閣諸島をめぐり解決すべき領有権の問題はそもそも存在しない」との答弁書に署名した。その後、中国人船長の釈放に関し、一〇月二五日菅総理がニューヨークでの記者会見で述べたように、「国内法によって粛々と行う」が、内閣の基本方針となる。

しかし「領有権の問題はそもそも存在しない」との立場は疑問がある。
①すでに見たように、中国は尖閣諸島を自国領とみなしている。
②米国は一九九六年以降一貫して「尖閣諸島で日中のいずれの立場も支持しない」として

いる。たとえば二〇〇四年三月二四日、エアリ国務省副報道官は「尖閣の主権は係争中である。米国は最終的な主権の問題に立場をとらない」と述べている。

③国際的に見ると、尖閣諸島は紛争地域であることがほぼ定着している。

米中央情報局（CIA）は年次刊行物「FACT BOOK」に「尖閣諸島に中国はクレームをつけている」と記し、米国国防省（ペンタゴン）も報告書「中華人民共和国の軍事力二〇一〇年版」の「領土紛争」の項に尖閣を記載している。また英国放送協会（BBC）は二〇一〇年一〇月二五日、尖閣諸島を係争中の島と報じ、オンライン百科事典ウィキペディア（wikipedia）英語版は、尖閣諸島を「主権を巡り係争」と記している。

こうして見ると、やはり**国際的に「領有権の問題はそもそも存在しない」とするのは無理がある**ことを理解してもらえるだろう。しかし、菅政権は「領有権の問題はそもそも存在しない」として、「国内法で粛々と行う」方針を出した。

当然中国も一九九二年尖閣諸島を自国領としているので将来「国内法で粛々と行う」事態が到来する。

平成二二年一〇月二一日衆議院安全保障委員会議事録は前原外務大臣発言を次のように記している。

「一九七八年十月二十五日に、当時のトウショウヘイ副総理が日本記者クラブの内外記者会見談話で話をしたことについて、少し引用させていただきます。

尖閣列島を我々は釣魚島と呼ぶ。呼び名からして違う。確かに、この問題については双方に食い違いがある。国交正常化の際、双方はこれに触れないと約束した。今回、平和友好条約交渉の際も、同じくこの問題に触れないことで一致した。中国人の知恵からしてこういう方法しか考えられない。というのは、この問題に触れると、はっきり言えなくなる。確かに一部の人はこういう問題をかりて中日関係に水を差したがっている。だから、両国交渉の際はこの問題を避ける方がいいと思う。こういう問題は一時棚上げしても構わないと思う。十年棚上げしても構わない。

こうおっしゃっているわけでありますが、これはトウショウヘイ氏が一方的に言った言葉であって、日本側が合意をしたということではございません。

したがいまして、結論としては、棚上げ論について中国と合意したという事実はございません」

本書で、すでに日中平和条約時のやりとりは紹介した。園田外相は、「尖閣諸島については今度の話し合いの中では持ち出すべきでないというのが、私の基本的な考えでした」と述べ、実質棚上げを図っている。

さらに鄧小平が「今までどおり二〇年でも三〇年でも放っておけ」と言ったのに対して、園田外相は「言葉を返せば、日本が実行支配しているのだから、そのままにしておけばいいというのです。でそれを淡々と言うからもう堪りかねて鄧さんの両肩をグッと押さえて〝閣下、もうそれ以上いわんで下さい〟人が見ていなければ鄧さんに〝有り難う〟と言いたいところでした」という感想を持っている。

この状況は、前原外相の言う「トウショウヘイ氏が一方的に言った言葉であって、日本側が合意をしたということではございません」と表現できる状況か。

†実は中国軍部も「棚上げの廃止」を歓迎

問題は「誰が」「なぜ」「歴史を歪曲しようとしたか」である。少なくとも、棚上げを否定することによって、紛争を起こりやすくしていることは間違いない。

実はこの「**棚上げ**」**合意の廃止こそ、中国軍部が望んでいることである。**二〇一〇年一〇月二七日付香港時事は次の報道を行った。

「二七日付の中国系日刊紙・香港商報によると、中国軍系の学術団体・軍事科学学会の副秘書長を務める羅援少将はこのほど、尖閣諸島（中国名・釣魚島）に関し、かつての最高実力者、トウ小平氏（故人）が〝論争を棚上げし、共同開発する〟との方針を示したことについて、〝論争は棚上げできるが、主権は棚上げできない。主権は明確にしなければならない〟と強調した」

この羅援少将の発言は多くの中国軍人の考えを代弁したものであろう。中国は、従来から尖閣諸島は自国のものと主張してきた。

中国の軍人など国粋主義者から、「我々の国土を日本に実質支配されて恥ずかしくないか」という台詞は説得力を持つ。できたら軍事行動を起こして取り戻したい。しかし、周恩来と鄧小平という中国で尊敬されている人たちが棚上げ論の創設者であるだけに、これに挑戦することがなかなかできない。

しかし、日本側が棚上げ論について日中間に合意がないというなら大歓迎である。堂々と軍事行動をとれる。

尖閣諸島の問題で日中間に何ら合意なく、日中双方が国内法で粛々と対応するとどうなるか。紛争になる。我々は、次のリ・クワンユー元シンガポール首相の発言に耳を傾けて良い。

「尖閣諸島は紛争になる。中国は海軍を送る。今は日本の海軍の力が強いが一〇年後日本より強い海軍を持つ。それを考慮しなければならない」（二〇一〇年九月二九日「straitstimes」紙報道）。

リ・クワンユーは客家の一員とみられている。客家は中原発祥の漢民族で、歴史上、戦乱から逃れるため中原から南へと移動した人たちである。移住先の原住民から見て〝よそ者〟であるため、客家と呼ばれた。このグループは世界各地に進出し、孫文、鄧小平、李鵬、李登輝らがその一員と位置づけられている。彼らは中国の内外、世界的ネットワークを有している。「中国は一〇年後日本より強い海軍を持つ」、これを考慮に入れて尖閣諸島の対応を考えなければならない。

†中国も一枚岩ではない

我々が十分認識しなければならないことは、**中国といっても一枚岩でないことである**。自分たちが「主権」とみなすものを、軍事力を使用しても獲得するのが正義と見る人々もいる。しかし同時に、軍事力を使用することは中国にとってマイナスをもたらすと主張する人々もいる。前者の人々にとっては、尖閣だけではない。他の領土問題もある。ここでどういう態度に出るかを注視していく必要がある。二〇一〇年一二月三〇日付朝日新聞は次の報道を行っている。

「中国軍が、東南アジア諸国連合の国々と領有権をめぐって対立する南シナ海で、他国が実効支配する離島に上陸し、奪取する作戦計画を内部で立てていることがわかった。作戦計画は空爆による防衛力の排除と最新鋭の大型揚陸艦を使った上陸が柱で、すでにこれに沿った大規模軍事演習を始めている。中国は南シナ海を〝核心的利益〟と位置づけて権益確保の動きを活発化している。広州軍区関係者によると、この計画は昨年初めに策定された。空軍と海軍航空部隊が合同で相手国本国の軍港を奇襲し、港湾施設と艦隊を爆撃する。一時間以内に戦闘能力を奪い、中国海軍最大の水上艦艇でヘリコプターを最大四機搭載できる揚陸艦〝崑崙山〟（満載排水量一万八千トン）などを使って島への上陸を開始。同時に北海、東海両艦隊の主力部隊が米軍の空母艦隊が進入するのを阻止するという。中国軍は計画の策定後、南シナ海で大規模な演習を始めた。昨年五月、空軍と海軍航空部隊による爆撃訓練を実施。今年七月には、南海、東海、北海の三艦隊が合同演習をした。主力艦隊の半分が参加する過去最大規模で、最新の爆撃機や対艦ミサイルも参加。演習に参加した広州軍区関係者は〝米軍の空母艦隊を撃破する能力があることを知らしめた〟と話す」

のちに詳しく見るが、南沙諸島への対応で、中国は東南アジア諸国連合（ＡＳＥＡＮ）諸国と軍事的紛争を避ける合意を行っている。ここでも中国国内で平和的に解決を推進するグループと、軍事力で少しでも中国の権益を広めようとする勢力が存在する。

日本は尖閣問題を考えるにあたり、中国には一方に軍事力で奪取せんとするグループがいる、別の一方では尖閣諸島で紛争を避けたいというグループがいる、それを認識して政策を進めるべきである。私は、日本は中国の後者といかに互いに理解し協力関係を強化するかが重要なことと思う。

第三章

北方領土と米ロの思惑

――大国の意図に踊る日本

一　ソ連参戦

†すべてはポツダム宣言にある

日本は第二次世界大戦に敗れた。同じくドイツも敗れた。

近代ドイツはプロイセンを基礎に構築された。ビスマルク首相、モルトケ参謀総長を擁するプロイセンが普仏戦争でフランスを破り、一八七一年プロイセン王ウィルヘルム一世がヴェルサイユ宮殿で皇帝戴冠式を行いドイツ皇帝となった。

その意味でドイツ帝国＝プロイセンといえるぐらいプロイセンの重要性は高い。では今日プロイセンの地はどうなっているか。ドイツにはほぼない。ほとんどがポーランドとロシア領となっている。これが、敗戦国ドイツが払った代償である。

一九四五年八月二日「ポツダム会談」において米国・英国・ソ連の間でドイツの戦後統治が決められた。ここでは次が決められている。

・ポーランドの西側国境に関し、三国首脳はオーデル・ナイセ線とすることに合意する。

・三国首脳はポーランドにいるドイツ人については、ドイツへの移住が実施されなければならないことに合意する。
・会議はケーニヒスベルク（後カリニングラード）のソ連への委譲に合意した。

ここでは、歴史的に旧プロイセン領やケーニヒスベルクがどの国に属するかという議論はまったくない。「ドイツ固有の領土」等という議論は吹っ飛んでいる。戦勝国が敗戦国ドイツ領をどのように割譲するかだけである。

「ポツダム会談」の前、一九四五年七月二六日連合国側（米国、中華民国、英国）はポツダム宣言を発表し、ここで日本の無条件降伏を求めた。

我々が北方領土を論ずる時、決定的に欠落しているのは「**第二次大戦時、米国を中心とする連合国側が日本の領土をどのように確定しようとしていたか**」である。すべてはポツダム宣言にある。一九四五年七月二六日連合国側は日本国政府の無条件降伏を求めた。このポツダム宣言には次の記述がある。

「日本国ノ主権ハ本州、北海道、九州及四国竝ニ吾等ノ決定スル諸小島ニ局限セラルべシ」

ここでは日本の主権は本州、北海道、九州、四国と連合国側の決定する小島となっている。日本は八月一四日米英ソ中に対し「天皇陛下ニオカレテハ〝ポツダム〟宣言ノ条項受諸ニ関スル詔書ヲ発布セラレタリ」との通告を関連在外公館に発出した。この受諾により、日本は「**主権は本州、北海道、九州、四国と連合国側の決定する小島**」に合意した。

九月二日重光外相、梅津参謀総長が東京湾のミズーリ艦上で署名した降伏文書では「ポツダム宣言ノ条項ヲ誠実ニ履行スル」と記されている。

日本はこれを受け、日本帝国大本営の一般命令第一号は九月二日「千島列島ニ在ル先任指揮官並ビニ各部隊ハ『ソヴィエト』司令官に降伏スベシ」とした。

一九四五年一二月連合国が日本を占領するに当たり、日本を管理する為の政策機関として極東委員会を設置した。この極東委員会は一九四七年六月一九日「降伏後の対日基本政策」を決定し、ここでも日本の領土に関しては「日本の主権は本州、北海道、九州、四国と今後決定されることのある周辺の諸小島に限定される」と決定されている。

また連合軍最高司令部訓令（昭和二一年一月）においては、**日本の範囲に含まれる地域として「四主要島と対馬諸島、北緯三〇度以北の琉球諸島等を含む約一千の島」とし、「竹島、千島列島、歯舞群島、色丹島等を除く」としている。**

日本は終戦後この点を明確に理解している。

昭和二六年八月一七日吉田総理は衆議院本会議において「領土問題に関して御質問でありまするが、領土放棄については、すでに降伏条約において明記せられておるところであ

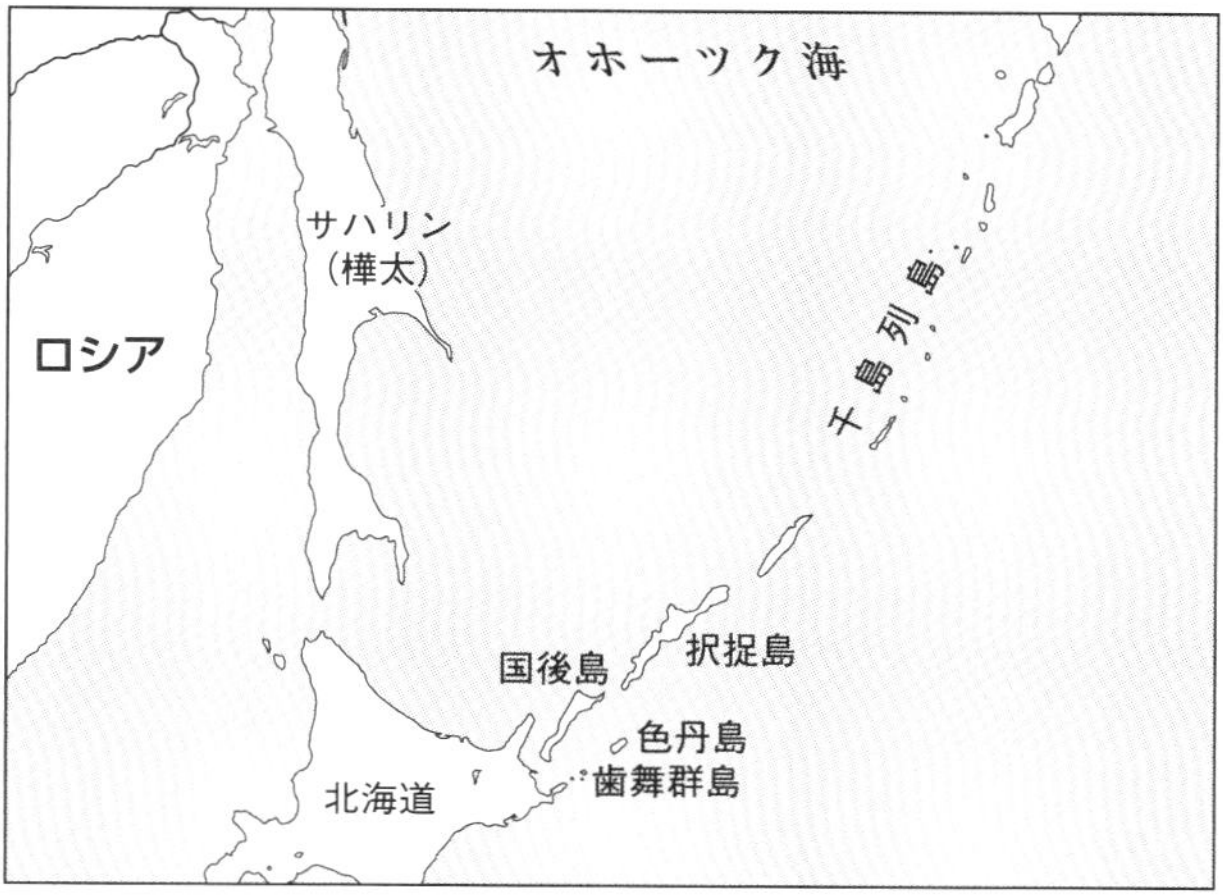

ります。すなわち、日本の領土なるものは、四つの大きな島と、これに付属する小さい島とに限られておるのであります。すなわち、その以外の領土については放棄いたしたのでありますこれは厳として存する事実であります」と述べている。

今日、日本のほとんどの人が、この吉田総理の認識を共有していない。

米国がソ連参戦を求めた理由

ポツダム宣言で、日本の主権は本州、北海道、九州、四国と連合国側の決定する小島とされ、先述の昭和二一年一月の連合軍最高司令部訓令において、「千島列島、歯舞群島、色丹島等を除く」としている。

千島列島がなぜ日本領とされなかったのか。

これを理解するには第二次大戦中の米ソ関係を見る必要がある。

日独の敗戦が濃厚になってから、ルーズベルト大統領の最大の関心は「いかに少ない米国の犠牲者の下に日本の無条件降伏を引き出すか」である。この情勢判断はルーズベルト大統領の死後（一九四五年四月）引き継いだトルーマン大統領も同じである。彼は『トルーマン回顧録』に次のように記している。

「我々の軍事専門家は日本本土に侵入すれば、日本軍の大部隊をアジアと中国大陸に釘付けにできた場合でも、少なくとも五〇万人の米国人の死傷を見込まなければならない。従ってソ連の対日参戦は、我々にとって非常に重大なことであった」

従って**米国にとってソ連の対日参戦は極めて重要**である。

ルーズベルト大統領はテヘラン会議（一九四三年一一月）でソ連の対日参戦を要請し、ヤルタ会議で「千島列島がソヴィエト連邦に引き渡されること」の内容を含むヤルタ協定が結ばれた（一九四五年二月）。この事情はグロムイコ元ソ連外務大臣『グロムイコ回想録』（読売新聞社）に詳しい。

「（ヤルタ）で彼の書斎にいくとスターリンは一人でいた。彼に心配事があることを察知した。スターリンに英語で書かれた書簡が届いたところだった。彼はその書簡を私に渡し、〝ルーズベルトからだ、彼との会談が始まる前に、彼が何を言ってきたか知りたい〟と言った。私はその場でざっと翻訳した。米国はサハリンの半分（注：この時点で北半分はすでにソ連のもの）とクリル列島についての領有権を承認すると言ってきたのだ。スターリンは非常に喜んだ。『米側は見返りとして次にソ連の対日参戦を求めてくるぞ』と言った。

すでにテヘラン会議の時にルーズベルトはスターリンに対して対日戦の協力を依頼していた。テヘランでこれらについて原則的な理解に到達していたが、確固たる合意はなかった。この手紙の中でサハリンとクリル列島に対する言及があってはじめて最終合意が結ばれたのだった」

†参戦の見返りは樺太と千島列島

ヤルタ条約は日本を拘束するものではない。しかし、米ソを拘束する。米国は日本の抵抗を減じ、米軍の被害を少なくすることを望んだ。

二一世紀の今日、米国は長崎・広島への原爆投下の理由を、「米軍の被害を出さないためだった」としている。第二次大戦終結間際の米国は、同様にソ連が参戦し関東軍が日本に帰れなくしておくことを強く望んだのだった。そして、**ソ連が参戦する見返りに、樺太（南半分）と千島列島という餌をソ連に与えたのである。**

このルーズベルトの約束は、次の大統領トルーマンに引き継がれた。
連合軍一般指令作成過程での受け持ち地域に関するトルーマンとスターリンのやりとりは興味ある史実を含んでいる（『日露（ソ連）基本文書・資料集』RPプリンティング）
スターリン発トルーマン宛親展密書（一九四五年八月一六日）
「一般指令第一号が入った貴信受領しました。次のように修正することを提案します。
一：日本軍がソ連軍に明け渡す区域に千島全島を含めること
二：北海道の北半分を含めること。境界線は釧路から留萌までを通る線とする」
トルーマン発スターリン宛通信（一九四五年八月一八日受信）
「一般指令No.1を、千島全てをソ連軍極東総司令官に明け渡す領域に含むよう修正することに同意します。
北海道島の日本軍のソ連への降伏についてのあなたの提案に関しては、日本固有の全島（北海道、本州、四国、九州）の日本軍はマッカーサー将軍に降伏するのが私の意図である」
こうした経緯を踏まえ、終戦当時、米国側は千島列島がソ連の領有になることについて何の疑問も持っていない。対日占領軍総司令部政治顧問シーボルトは『日本占領外交の回想』（朝日新聞社）の中で「千島列島の処分は勿論カイロ、ヤルタ両会談で決められていた」と記している。

のちに見るように、米国は日ソ間が接近するのを警戒し、日本が国後・択捉を主張するように誘導していく。しかし米国はソ連・ロシアに対して「ソ連が国後・択捉を領有することはけしからん」と真剣に抗議したことがあるか。

冷戦時代、ソ連は米国の敵である。しかし同時に、米国はソ連と戦略核兵器等で合意せざるをえない。この中で米国はソ連に対して「約束を反故にする国」という位置付けにはできない。ルーズベルトがスターリンに約束したこと、ヤルタ協定、これらは効力がないと直接ソ連に言っているか。言えるはずがない。米ソの間ではルーズベルトがスターリンに約束したこと、ヤルタ協定は厳然と生きている。米ソ間でヤルタ協定が生きていれば、「日本の領域は今後決定されることのある周辺の諸小島に限定される」中に、国後択捉が含まれることはない。

†サンフランシスコ平和条約での扱い

サンフランシスコ平和条約（一九五一年九月八日署名）において、「第二章（c）　日本国は千島列島に対するすべての権利、請求権を放棄する」とした。その直前九月七日吉田首相は「千島南部の択捉、国後両島が日本領であることについては帝政ロシアも何らの異議を挟まなかったのであります」と述べている。

この吉田首相の演説は二つの意味で重要である。一つは「千島南部の択捉、国後両島が日本領である」という「択捉、国後固有の領土論」は国際的支持を得られず、日本は千島列島全体の放棄を受諾せざるを得なかったことである。今一つは択捉、国後を千島南部と位置付け、放棄した千島に入れていることである。

昭和二六年一〇月一九日、西村条約局長は衆議院での国会答弁において、「条約にある千島の範囲については北千島、南千島両方を含むと考えております。しかし歴史的に北千島と南千島はまったく立場が違う」と答えている。

さらに昭和二六年一〇月二六日 衆議院本会議において（サンフランシスコ）平和条約の承認を求める際、日米安全保障条約特別委員長の田中萬逸氏は、「遺憾ながら条約第二条によって明らかに千島、樺太の主権を放棄した以上、これらに対しては何らの権限もなくなるわけであって、国際司法裁判所に提起する道は存しておらない。またクリル・アイランドの範囲は、いわゆる北千島、南千島を含むものである」と説明している。

この流れをうけて、昭和三四年二月二五日最高裁判所第二小法廷は「出入国管理令違反被告事件」において次のような判決を出している。

「昭和二七年四月二八日発効の日本国との平和条約二条(C)は、〃日本国は千島列島……に対するすべての権利、権原及び請求権を放棄する〃旨規定しているのであって、同日の外務省令一二号で千島列島に関する規定が削除されたのも右条約の趣旨に基くものであるから、同日以降、千島列島に属する国後島は、出入国管理令の適用上においては、同令二条一号にいう本邦には属しないこととなったものと解するを相当とする」

国際的に見ても、日本側照会に対してフランス政府は、サンフランシスコ講和条約の千島の扱いについて「サンフランシスコ会議議事録は千島の範囲に関し言及している。特に日本代表が国後、択捉を南千島として言及しているところに注意を喚起する」と述べている(松本俊一『モスクワにかける虹——日ソ国交回復秘録』朝日新聞社)。

こうして日本は、サンフランシスコ平和条約においても、択捉、国後を主張しうる立場にない。

†大国に利用される北方領土問題

しかし、ここに仕掛けが潜んでいる。米英は北方領土問題を残すことによって日ソ関係の進展を阻もうとしている。

丹波実元駐ロシア大使は『日露外交秘話』（中央公論新社）で、次の記載をしている。

「『五一年対日平和条約において日本に千島列島を放棄させるが、この放棄させる千島列島の範囲を曖昧にしておけば、この範囲をめぐって日本とソ連は永遠に争うことになろう』という趣旨の（在京英国大使館発）英国本国宛ての極秘意見具申電報がある」

米国自身にも同様の考えがあった。

ジョージ・ケナンと言えば、二〇世紀の世界の外交官の中で最も著名な人物であろう。ソ連封じ込め政策の構築者でもあるケナンは、国務省政策企画部を拠点に冷戦後の米国政策形成の中心的役割を果たした。そのケナンの立場を前提として、アリゾナ大学教授マイケル・シャラーの記述『「日米関係」とは何だったのか』（草思社）を見ていただきたい。

「千島列島に対するソ連の主張に異議を唱えることによって、米国政府は日本とソ連の対立をかきたてようとした。実際、すでに一九四七年にケナンとそのスタッフは領土問題を呼び起こすことの利点について論議している。うまくいけば、北方領土についての争いが何年間も日ソ関係を険悪なものにするかもしれないと彼等は考えた」

シャラーはこれを裏付けるものとして一九四七年九月四日の国務省政策企画部会合記録を脚注で指摘している。

†変更された北方領土の解釈

こうした米国の空気を反映し、日本政府はサンフランシスコ平和条約で放棄した千島の中には国後・択捉島は含まれないと発言し始める。ただし、その論拠だては一九五五年、五六年当時は混乱している。

一つの説明は「そもそも連合国は領土的拡大を求めるものではない」という主張である。この点には欧州ではドイツがその領土を大幅に失い、ソ連やフランスが領土を拡大して終結しているという事実がある。反論として弱い。

今一つは「サンフランシスコ平和条約にいう千島列島の中に国後、択捉は含まれていない」という主張である。サンフランシスコ平和条約当時日本は明確に「国後、択捉は南千島である」という表現を用いている。これを変更するのであるから大変な無理がある。**まず国際的に通用しない。しかし、日本国内で北方領土要求の機運を作ればそれでよい。**代表的見解は次のとおりである。

①一九五六年二月一一日　後々「政府の統一見解」と呼ばれる森下外務政務次官の国会答弁が行われる。

「南千島すなわち国後、択捉の両島は常に日本の領土であったものです。サンフランシスコ平和条約にいう千島列島の中にも両島は含まれていないというのが政府の見解であります。太平洋憲章、カイロ宣言、ヤルタ協定、ポツダム宣言はすべて過去に暴力により略取した領土を返還させるという趣旨であり、連合国が自国の領土的拡大を求めるものでないことを信じて疑わない（注：ドイツの扱いを見ればこの論はまったくあてはまらない）。日本の固有の領土たる南千島をソ連が自国領だと主張することは、日本国民の一人として納得し得ないところであります」

②国後、択捉は南千島ではないという見解の代表的なものは、中川融条約局長が昭和三〇年一二月九日衆議院外務委員会で行った答弁である。

「サンフランシスコ条約には島の名前は書いてないのでありまして、伝統的な日露間の協定に基くクーリール・アイランズには南千島は入っていない、こういう解釈をただいまとっておるわけでございます」

一見なんでもない答弁である。しかし、ここに官僚としての精一杯の抵抗がある。同時に限界でもある。中川元局長は「こういう解釈をただいまとっておるわけでございます」と言っている。「ただいまとっている」である。言外に「この解釈が正しいものかは別」と暗示している。

『中川元駐国連大使に聞く』（鹿島出版会）で、中川元大使は次のように述べている。

「(下田条約局長) がクリル (千島) の中には北方領土は入らなかったという答弁をして (いました)。もっとも国後、択捉が (千島に) 入らないというのはわかりませんけどね。日本では (国後、択捉を) 南千島と言っていましたからね。南千島は千島でないということはちょっといいにくいですね」

二　日ソ国交回復交渉と領土

†日ソ国交回復交渉の変遷

①ロンドン交渉「日本四島要求。しかし一時歯舞、色丹で合意の可能性あり」（一九五五年から一九五六年。松本俊一全権）

日本は鳩山一郎政権時代、一九五六年に一時、歯舞・色丹を手に入れることで領土問題の解決を図ろうとした。第一回目はロンドンにおける松本・マリク（駐英ソ連大使）会談である。この時の訓令に次のものがある。

八月一六日付日本側提案の条約案は「国後、択捉、歯舞、色丹については、この条約の効力が生じた日に日本の主権が完全に回復されるものとする」としている。四島一括返還の立場である。

しかし交渉の進展を反映して、八月二七日付訓令はやや趣を異にしている。

「領土問題は（a）能う限り国後、択捉の返還ならびに歯舞、色丹の無条件返還の了解を取り付けること」

ここでは明らかに四島一括を求めていない。国後、択捉は「能う限りの返還」で、「歯舞、色丹は無条件返還」である。

松本・マリク会談では「歯舞、色丹返還」で合意してもいい雰囲気が出ていたようである。この事情については表に出ていない。ただし一九七〇年代、筆者はこの会議の関係者より、「一時妥結の雰囲気があった。この事情を知った英国側は松本代表に、あなたはもし英国の外交官だったら、今後〝歯舞色丹卿〟と呼ばれると祝福していた。ところがこの喜びもつかの間、翌日東京から〝国後、択捉で降りるな〟新たな訓令が来た」と聞いたことがある。

松本代表はこの間の事情を明確に記述していない。しかし、「昨年（五五年）の交渉で、（私はソ連側に）歯舞、色丹の返還を認めさせたが、八月末には重光外相から、国後、択捉のいわゆる南千島をあくまで要求せよという追加の訓令をうけた」と記している（前掲『モスクワにかける虹』）。このことは松本代表が歯舞、色丹の返還を得ることで交渉がまとまると判断していたことを窺わせる。

②モスクワ交渉「一時歯舞、色丹返還（国後、択捉断念）で平和条約締結の意志、重光外相、ダレス長官に恫喝される」（一九五六年七月から九月、重光葵全権）

ロンドン会議後、あらためてモスクワにおいて会議開催が決定される。ロンドン会議よりも上級の会議という位置付けがなされ、重光外相を首席全権とした。

重光、松本両全権は七月二九日モスクワに到着し、ソ連側と会談を重ねた。そして、重光外相は歯舞、色丹返還で領土問題の最終決着を計る考えに達し、東京に請訓する。結局これに対して鳩山総理から重光全権に対して「同意することは差し控えられたし」の訓令が出ることとなる。重光外相の動きについては『モスクワにかける虹』に詳しいのでこれを見てみたい。

「八月一二日（ソ連外相との私的会談の翌日）重光外相はソ連案そのままの領土条項（歯舞、色丹の返還により領土問題を解決する）を設けた平和条約に署名しようと言い出した。私は夜を徹して重光外相の反省を求めたが、自分は東京を出る時に一切を任されてきているのであるから、自分一存でソ連案をのんで差し支えないと言った。結局私の意見に従って一二日高崎外務大臣代理に対して〝この上遷延してもただ対面を害し、わが立場を不利にするのみで、歯舞、色丹すら危険になるおそれがある。このへんで妥協することが安全と考え、大体まとめる線でお勧め願いたい〟との趣旨を電報し、さらに同日、領土問題に関するソ連側の態度は不動のものであり、これ以上交渉の余地はなく、決裂をさけようとすれば先方の主張を容認する以外に方途がない現実に直面するに至った」

③鳩山総理の訪ソ、日ソ共同声明の発出

日ソ双方共に国交回復を望んでいる。最後の障害は領土問題である。国交回復を強く望んでいた鳩山総理は自らがソ連と交渉する決意をする。一九五六年一〇月一二日モスクワに到着し、交渉の結果、一〇月一九日 日ソ交渉妥結し「日ソ共同宣言」に署名された。

領土関係の部分は次の通りである。

「日本国及びソヴィエト社会主義共和国連邦は、両国間に正常な外交関係が回復された後、平和条約の締結に関する交渉を継続することに同意する。

ソヴィエト社会主義共和国連邦は、日本国の要望にこたえかつ日本国の利益を考慮して、歯舞群島及び色丹島を日本国に引き渡すことに同意する。ただし、これらの諸島は、日本国とソヴィエト社会主義共和国連邦との間の平和条約が締結された後に現実に引き渡されるものとする」

この時日本側交渉団は「平和条約の締結」に残っている問題は国後・択捉島の帰属であるので、「平和条約の締結に関する交渉を継続することに同意する」の文章は領土問題の継続審議を意味すると解釈した。ただし、ソ連側は「領土問題の継続審議」の文言を共同宣言に入れることを拒否している。

†日ソ国交回復の足枷

では一九五六年一〇月、日ソ双方はなぜ国交回復にこぎつけ共同声明を発出したか。日本側では何をさておいても鳩山総理の熱意である。なぜ日ソ交渉を成功させようとしたか。

第一に第二次大戦後、日ソ間には外交関係がない。戦争状態が継続している状況だった。従って戦争状態を終結させ、日ソ間で国交を回復することが最大の目的にあった。

第二に抑留日本人問題である。ロンドン会議でソ連側は、軍人一〇一六名、民間人三五七名が依然抑留されていると指摘した。鳩山総理はこの帰国を強く望んでいた。

第三に、ソ連は安保理事会で拒否権を持っている。日ソ間で国交がなく、ロシアが反対する以上、日本は国連への加盟ができない。そのことは多くの国際機関への加盟も困難であった。ソ連との国交回復を図り、ソ連が日本の国連加盟に拒否権を発動する事態を取り除くことを目指した。これによって、日本の国際社会への復帰が本格化する。

しかし領土問題が最後の障害となっていた。

鳩山訪ソに先立つ九月三〇日、自由民主党は緊急総会を開き、日ソ交渉方針を討議として決めた。領土問題は、①歯舞色丹の即時返還、②国後択捉は条約発行後も引き続き交渉であった。

問題は国後択捉の扱いである。日本側は「領土問題を含む平和条約の締結交渉を継続する」ことを主張したが、フルシチョフ第一書記の強い姿勢で「領土問題をふくむ」という文字は外された。重要なことは、国後・択捉を交渉の対象とするという合意を取り付けられなかった。その状態で日ソ共同宣言に合意したのである。

一連の日ソ国交回復交渉において、当初日本側は領土問題に関するソ連の態度は極めて硬い、従って「歯舞色丹の即時返還」を提案するとは予想しなかったというのが実情であった。一時期全権となった松本俊一氏、重光外相が「歯舞色丹の即時返還」で領土問題を終結させせんとした十分な背景がある。

ではソ連側の思惑はどうであったか。この点は『フルシチョフ　封印されていた証言』（草思社）で、日本側と交渉にあたったソ連共産党第一書記、フルシチョフが率直に述べている。

「我々の喉にひっかかったようになっていたもう一つの刺が日本との平和条約が結ばれていないことだった。我々は日本との講和条約に調印すべきであった。我々が日本との接点を持たなかったので、我が国経済も我が国政策も悪影響を被った。

では我々は何故譲歩したか（歯舞・色丹の引き渡しを指す）。この譲歩はソ連にとって本当は極めて小さな意義しかないと感じていた。これらの島と引き替えに日本国民から勝ち取る友好関係は極めて大きいものだった。

その他にも考慮すべきことがあった。我々は国内的にも対外的にもこの首相（鳩山）の影響力を強めたいと思った。日本の政策がソ連との友好的な関係を強化する方向に発展するよう望んだ。日本が世界で重要な地位を占めているからである。その生産高は世界の第三位である。私は日本に対する羨望の念を隠さずに話している」

なおフルシチョフの回想録は、この本の前に二巻が公表されている。その二巻のもととなったテープには削除された部分があった。一九八九年、その削除部分のテープが編者らのもとに届けられ編集したのが『フルシチョフ　封印されていた証言』である。これら回顧録の出版に関与したフルシチョフの息子が冷戦後米国に移住し、ハーバード大学やブラウン大学等で厚遇を得ている。これよりして一連の回顧録は本物と見てよい。

†日ソ交渉の裏の「米国の動き」

この日ソ国交回復交渉に米国は大きい影響を与えた。「二島返還やむなし」として解決を図ろうとする日本側に強い圧力をかけている。

重光外相はこのモスクワでの会談の後、スエズ運河に関する国際会議の政府代表としてロンドンに行く。ここでダレス長官を訪問して、日ソ交渉の経過を説明した。この会談の模様を再度、『モスクワにかける虹』から見てみたい。

「(一九五六年)八月一九日に、重光葵外相(この時、日ソ平和条約の日本側全権を兼任)はダレス長官を訪問して、日ソ交渉の経過を説明した。ダレス長官は、〝千島列島をソ連の帰属にすることは、サンフランシスコ条約でも決まっていない。従って日本側がソ連案を受諾することは、日本はサンフランシスコ条約以上のことを認めることとなる。かかる場合は同条約第二六条が作用して、米国も沖縄の併合を主張しうる立場に立つわけである〟という趣旨のことを述べた。

重光外相はホテルに帰ってくると私を呼び入れて、やや青ざめた顔をして〝ダレスは全くひどいことをいう。もし日本が国後、択捉をソ連に帰属せしめたら、沖縄を米国の領土とするということを言った〟とすこぶる興奮した顔つきで話してくれた。

重光氏もダレスが何故にこの段階において日本の態度を牽制するようなことをいい、ことに琉球諸島の併合を主張しうる地位に立つというがごとき、まことにおどしともとれるようなことを言ったのか、重光外相のみならず、私自身も非常に了解に苦しんだ」

ダレス長官はさらに追い打ちをかける。九月七日、谷駐米大使に、「日ソ交渉に関する米国覚書」を手交する。八月一九日は、重光外相に「日本が国後、択捉をソ連に帰属せしめたら」米国は「沖縄を併合する」と脅した。九月七日は「米国はサンフランシスコ平和条約による一切の権利を留保する、平和条約はチャラになる」と谷駐米大使を脅している。覚書には次の記述がある。

「日本はサンフランシスコ条約で放棄した領土に対する主権を他に引き渡す権利を持っていないのである。このような性格のいかなる行為がなされたとしてもそれはサンフランシスコ条約署名国を拘束しうるものではなく、かつ同条約署名国はかかる行為に対してはおそらく同条約によって与えられた一切の権利を留保するものと推測される」

ダレス長官がなぜここまで日本に圧力をかけたのか。ダレスは日本とソ連が接近することを警戒したものと見られる。こうした考えはその後もしばしば現れる。一九七二年キッシンジャーが訪中して、毛沢東、周恩来と会談している際にもキッシンジャーは、「日本とソ連が政治的な結びつきを強めたら危険です」と述べている（ウイリアム・バー『キッシンジャー「最高機密」会話録』毎日新聞社）。さらに、この背景は春名幹男『秘密のファイル――CIAの対日工作』（新潮社）に詳しい。

まず米国は戦後一貫して鳩山一郎に疑念を持っている。

・（一九四六年）戦後初めて四月一〇日に行われた総選挙の結果、第一党となった自由党の総裁鳩山が首相になるはずだった。しかし鳩山は追放処分を受け、代わりに吉田が組閣の待命をうけた。

・（一九五四年）アイゼンハワー政権、なかでもＣＩＡは東西冷戦の最前線、日本で吉田から鳩山に政権が移行したことに憂慮していた。

・一九五五年三月一〇日ホワイトハウスで行われた米国国家安全保障会議でアレン・ダレスＣＩＡ長官が指摘した。

「ソ連は歯舞・色丹を返還する可能性がある」

これを受けて、兄のジョン・ダレス国務長官が発言した。

「ソ連が千島列島の重要な部分を放棄するというような事態が起これば、米国は直ちに、琉球諸島の施政権の返還を求める、日本側の強い圧力を受けることとなる」（注：この議論を踏まえ、米国は日ソ交渉妥結の垣根を上げる方針を出す）

・一九五五年四月九日、米国国家安全保障会議（ＮＳＣ）は新しい対日政策ＮＳＣ五五一六・一号文書を承認した。歯舞・色丹両島の主権をめぐる日本の主張を支持する。千島列島と南サハリンに対するソ連の主張に譲歩しない。（注：上述のとおり、一九五五年から日本外務省は「国後・択捉は南千島に入っていない」として千島列島で譲歩しない姿勢を打ち出す）

・（一九五五年一〇月五日）（アリソン大使の）電報によると、鳩山は日ソ交渉の展望について「まもなく妥協するとの印象を持っている。自由党と一部国民は千島と南樺太の返還を要求しているが、日本はサンフランシスコ講和条約でこれらの主権を放棄したと思う」と言ったという。（注：一九五五年はまさにロンドン交渉で歯舞・色丹返還で交渉を妥結しようとした時期である）

†日ソ共同声明後の状況

米国は日ソが急速に関係を改善することに強い警戒心を持っていた。かつ日ソ間の領土問題を難しくしておくことは、その目的に適うとみていた。

この空気を反映して外務省は強硬な立場を取り始める。

・サンフランシスコ平和条約で日本が放棄した千島列島の中に国後島・択捉島は入らない。

一九五六年二月一一日、森下政務次官は国会答弁（政府統一見解）で次のように述べた。

「サンフランシスコ平和条約にいう平和条約の中に両島（国後島・択捉島）は含まれていないというのが、政府の見解であります」

・国後島・択捉島は日本固有の領土である。

同じく、森下政務次官は国会答弁で次のように述べている。

「国後島・択捉島が日本の領土であることは一八五五年下田条約によって露国よりも確

認されている。自来両島に関しては何ら領土的変更が加えられることなく終戦時に至っています」

こうして、ソ連側は「領土問題は解決済み」との立場をとり、日本は「国後島・択捉島は日本固有の領土である」との立場をとり、何ら進展がみられなかった。

三　米ソの雪解けと領土

†米国によるゴルバチョフ、エリツィン支援

米国は冷戦時代、北方領土問題を顕在化させることによって、日ソ関係の発展に一定のタガをはめた。しかし、ゴルバチョフ大統領は一九八七年ごろから、ソ連は米国の敵になるのを止めたと発言して一方的に軍備削減を行った。ブッシュ大統領とベーカー国務長官はゴルバチョフ大統領の支援を決める。しかし、ソ連内で保守派によるクーデターが発生し、そこでその後出てきたエリツィン大統領の支援を決める。

当時ソ連、ロシアの最大の課題は経済である。しかし、米国経済は不況の中にある。米国はまずドイツに対ソ支援を求める。しかし、これでも不十分である。**米国は日本の資金がロシアに流れるのを期待する。しかし北方領土問題はこの流れの障害になる。ここで米国は日本、ロシア双方に北方領土問題を動かすことを要請する。**

マイケル・アマコスト（一九八九年五月から九三年七月まで駐日米大使）は、著書『友か

敵か』（読売新聞社）で、

「ゴルバチョフ時代からソ連崩壊にかけ米国は対ソ（ロ）支援の方針を固める。その際日本の資金も重要である。しかし日ロの間には北方領土問題がある。よって米国が仲介に出ることを考え、自分（アマコスト）が外務省の何人かに国際司法裁判所への提訴を助言した」

と記述している。北方領土問題は新たな展開を見せた。北方問題における対立を和らげ、これによって日本からお金を出させようとする米国の動きは、アマコストの思い付きだけではない。

ワインバーガー元国防長官も自著『ワインバーガーの世界情勢の読み方』（ぎょうせい）の中で次の記述を行っている。

「ここ数ヶ月アメリカが率先して北方領土問題の早期解決を口にしているため、日本政府も大喜びのようですが、もちろんブッシュ（父）政権としてはこの問題が結果的にどうなるかは、それほど大きい問題ではありません。要するにお金のないアメリカに変ってCIS（旧ソ連）側に日本が率先してサイフのヒモをゆるめてくれればいいのです」

日ロが交渉のテーブルにつき、北方領土問題の解決の雰囲気をつくるのはいい。しかし実際どう解決するかとなると容易ではない。

†米ソのためのサイフ

一九九一年、ゴルバチョフ大統領が訪日し、四月一八日、日ソ共同声明が調印された。

「両首脳は歯舞群島、色丹島、国後島及び択捉島の帰属について双方の立場を考慮しつつ領土画定の問題を含む平和条約の策定と締結につき議論を行った。

両首脳は平和条約の準備を完了させる作業を加速させることが第一義的に重要であることを確認した」

ではこの時、ゴルバチョフ大統領はどこまで譲歩の用意があったのだろうか。より具体的には国後島及び択捉島でどこまで譲歩の可能性があったか。ゴルバチョフは『ゴルバチョフ回想録（下）』（新潮社）で時の海部総理に次のようにいったと記している。

「日本に世論というものが存在していることは承知しています。しかし世論はソ連にもあります」

「一九五六年宣言についてソ連は違う立場をとっています。われわれは双方のアプローチが異なることを考慮し、どうすれば最終文書に何かプラスのことを盛り込めるかを考えます。（海部総理が平和条約交渉では国後、択捉を日本に返還することを前提としたいと述べたことに対して）極めて率直に言わせていただくなら、貴方の問題提起は現段階では非現実的であり、受け入れ不可能です」

たしかに、ゴルバチョフ大統領の訪日や日ソ共同声明で領土問題をめぐる雰囲気は改善された。しかしいざ国後、択捉をどうするかの具体論になれば日ソ双方には何らの歩み寄りもない。

一九九三年一〇月エリツィン大統領が訪日し、東京宣言が発出される。

「両首脳は択捉島、国後島、色丹島及び歯舞群島に関する問題について真剣な交渉を行った。双方はこの問題を歴史的事実、法的事実に立脚し、両国の間で合意の上作成された諸文書及び法と正義の原則を基礎として解決することにより平和条約を早期に締結するよう交渉を継続し、もって両国間の関係を完全に正常化すべきことに合意する」

それまでソ連は「領土問題は解決済み」の態度をとっている。その中にゴルバチョフ大統領訪日時「国後及び択捉島の帰属」を検討の対象とし、さらにエリツィン大統領訪日時、「歴史的事実、法的事実に立脚し、両国の間で合意の上作成された諸文書及び法と正義の原則を基礎として解決する」としたことは前進である。

しかし日本、ソ連とも国後島及び択捉島の領有問題に対する基本姿勢は何の変化もない。ワインバーガーが前掲書で言うように、「この問題が結果的にどうなるかは、それほど大きい問題」ではなく、**北方領土が動くという雰囲気が出て「日本が率先してサイフのヒモをゆるめてくれればいい」範囲内の動きである。**

一九九〇年以降の日本の対ロシア支援は無償支援九・九億ドル、有償支援五六億ドル（外務省、平成一四年一二月現在）となっている。

†崩れなかった日ロの立場

北方領土問題が動く気配を見せたのは橋本首相・エリツィン大統領会談である。

一九九七年一一月クラスノヤルスク会談がもたれ、ここで「東京宣言に基づき二〇〇〇年までに平和条約を締結するよう全力を尽くす」とされた。続いて一九九八年四月、静岡県伊東市川奈で、「川奈会談」が行われた。四月二〇日読売新聞夕刊は日本側提案についで次のように報道した。

・四島の北側に国境線を引き、日本の主権を確認する
・一定期間ロシアの施政権を認める
・期間中共同開発を進める

川奈会談において事務方の責任者であった丹波実（当時外務審議官）は著書『日露外交秘話』（中央公論新社）の中で次のように記している。

「川奈会談でいわゆる川奈提案を行った。この川奈提案は日本としてできる譲歩の最大のものであったが、同時に日本側が一九九一年以来、ソ連・ロシアに対して〝北方四島の日本の主権が認められるのであれば、返還の時期、態様及び条件については柔軟に対応する〟と一貫して言い続けてきたことの延長線上にあるというのが私たちの考え方であった」

結局ロシア側は川奈提案を持ち帰り検討することとなった。日本では橋本総理が退き、小渕総理となった。そして小渕総理は一九九八年一一月一一日ロシアを公式訪問した。この会談について同じく『日露外交秘話』で見てみたい。

「小渕総理の最大の目的は九八年四月の川奈提案に対するロシア側の検討結果を受け取ることであった。一二日クレムリンで会談され、エリツィン大統領から、川奈提案に対する回答を文書で手交された。この回答についての自分の考えは、率直に言えば、失望を禁じ得ないものであった」

この時期、確かに領土問題を解決する雰囲気が出た。それはまさに米国が望んだ動きであった。しかし、日本もロシアも基本的立場を崩していない。日ロ双方は踊ってはみたものの雰囲気を作る演出で終わった。

それ以上、日本、ソ連・ロシアとも踏み込めなかった。

†硬化するロシア

二〇〇〇年プーチン政権が誕生し、「力のロシア」が再び復活した。エリツィン大統領の下、西側主導の経済改革が失敗した。ロシア国民は、虚偽の経済改革より力のロシアの復活を望んだ。次の世論調査（Russia's Weakened Democratic Embrace、PEW）が興味深い。

ロシアにおける（望ましい）統治体系

	民主的政権	強い指導者	分からない
一九九一年	五一%	三九%	一〇%
二〇〇二年夏	二一%	七〇%	九%
二〇〇五年春	二八%	六六%	六%

領土問題で強硬な態度を示すことは強い指導者のイメージをつくる。この時点で、ロシアは北方領土問題の解決に動く意図を捨てた。

二〇一〇年、ロシアをめぐり新たな動きが出た。米国、NATOは「ロシアを敵として扱わない」ことを決定した。

NATOが「ロシアを敵として扱わない」という方針は、様々な形で出てきている。具体的にはラスムセンNATO事務局長は「NATOはロシアを敵とみなさず、戦略的意義を有するパートナーとみなす」（二〇一〇年一一月三日China.org.cn）と述べている。さらに、仏ロ両政府は一二月二四日、共同でミストラル級強襲揚陸艦を建造しロシア側に引き渡すことで合意したと発表した。ミストラル級は二万一〇〇〇トン、全長二一〇メートルで軍用ヘリコプター一六機や戦車、上陸部隊七五〇人などの輸送が可能である（二〇一〇年一二月二六日付産経ニュース）。

冷戦時代であれば、敵のソ連軍の補強につながる動きはとてもとれない。今やロシア軍を強化する動きも西側全体の脅威とはみなされなくなっている。ロシアは過去、日本への政策を行う時、常に米国の反応を考えなければならなかった。しかし今、その要請はほとんどない。ロシアは日本がどうでるかだけを考えれば良い。

この中でロシアは、北方領土の固定化に向けて次々と新しい政策を打ち出している。

①二〇一〇年一一月一日　メドベージェフ大統領はソ連・ロシアの高官として初めて国後島訪問（過去、対日配慮から実施せず）。

②二〇一〇年一二月二四日　メドベージェフ大統領が記者会見で北方領土は四島ともロシア領と発言（一二月二四日付朝日新聞）。

③国防省一行の訪問　ブルガーコフ国防次官を団長とするロシア国防省視察団が二〇一一

年一月一九日、北方領土の択捉、国後両島を訪問するためモスクワを出発し、二〇日択捉島に到着し、二二日に国後に移動する（二〇一一年一月一九日、二〇日付読売新聞）。
④各省庁代表団の訪問　一月三一日、バサルギン地域発展相をトップとする政府各省庁の代表団が国後島に到着した。メドベージェフ大統領が訪問を指示した。政府代表団は同省のほか、財務、運輸、経済発展、エネルギー、保健社会発展の各省と漁業庁の代表からなる（二〇一一年一月三一日 asahi.com）。
こうしてロシアは北方領土に対して厳しい路線を取り始めた。

†北方領土の教訓と尖閣

北方領土問題は、ポツダム宣言受諾とサンフランシスコ平和条約で大枠が決定している。一方において、米国は冷戦中、日本が米国の戦略の枠からはずれ、ソ連と独自に関係を構築することを望まなかった。ここで、北方領土を利用した。

ソ連側が決して日本側に譲ることのない国後・択捉を日本に要求するよう求めた。かつ日本国内では「北方領土は固有の領土でソ連が不法に占拠している」という考え方を広めさせた。それによって日本が独自にソ連との関係改善を行うことを封じ込めた。

領土問題は国民感情を揺さぶる。ナショナリズムを高揚させる。

一度ここに火が点ると、まず消すのは無理である。「北方領土問題の要はポツダム宣言とサンフランシスコ平和条約をどう解釈するかが根本である」という論も、「日本固有の領土を守れ」という国民的感情の前に無力である。米国は「日本・ソ連の関係改善に一定の枠をはめる」という目的はがっちり手に入れてきた。

そして今、同じ手法が尖閣諸島で対中国に使われようとしている。

今日、米国にとって安全保障上の最大の課題は中国になった。米国国内では中国との関係で、中国を自分たちの方に引き込み宥和政策をとるグループと、あくまでも中国と対決することを望むグループに分かれている。前者は金融・産業界である。後者は産軍複合体である。いずれも米国内で強力な基盤を有する。一方が完全に優位に立つことはない。米国の対中国政策は、今後絶えず協調路線と対決路線の間で揺れ動く。

✝米国対中戦略と日本

二〇一一年初期の段階では、一時的にオバマ大統領周辺で協調派が優位に立った。

大統領にとって首席補佐官はもっとも頼りにすべき人物である。二〇一一年一月オバマ大統領は自己の首席補佐官に金融大手のJPモルガン・チェース社の幹部で元商務長官であったウィリアム・デーリー氏を任命した。

米国金融業界は資金を中国の大幅黒字に依存せざるをえない。それに加えてデーリー氏自身、米中ビジネス評議会ディレクターの地位にあった。

また大統領二期目を狙うオバマ大統領にとって経済復興は極めて重要な政策課題である。この問題を扱うため、大統領のための経済復興諮問会議を立ち上げた。この議長にゼネラル・エレクトリック社会長のジェフリー・イメルト氏が就任した。

ゼネラル・エレクトリック社は胡錦濤訪米中に航空機用電子部門の大型商談をまとめた。イメルト会長は一月二〇日付ニューヨーク・タイムズ紙で「二〇〇七年まで米国は世界経済の牽引車であった。しかし今後二五年世界経済のエンジンは米国消費者でなく、アジアの中流層であり、ゲームは中国で展開される」と述べ、中国を重視した発言をしている。こうしてオバマ人脈では中国との経済を重視する人々が枢要な地位についた。

他方産軍複合体は中国軍事の危機を煽っていく。米国が中国の軍事に対峙する中、日本を組み込むことを意図している。

†尖閣での米国の態度

米国が中国の脅威を日本人に訴える過程で、尖閣諸島の紛争が出てきた。この紛争後、米国安全保障関係者はいかなる発言をしてきたか。代表的なのがリチャード・アーミテージ元国務省副長官の発言である。二〇一一年九月一五日付日経新聞は、同日アーミテージが日本記者クラブで行った発言を次のように報じている。

「（中国漁船衝突事件について）日米関係が冷え込む中、中国は（領有権問題で）どこまで許されるか試そうとしている。その上で〝いかなる領土〟も日米安保条約の対象になることを中国側は認識すべきだ」

アーミテージはまた、著書『日米同盟VS.中国・北朝鮮』（ジョセフ・ナイ、春原剛共著、文藝春秋）の中で、「発信するメッセージは一つだけです。尖閣、尖閣、尖閣……。〝我々をなめるんじゃないぞ〟ということです」と記述している。アーミテージはこの発言をして、**尖閣問題で日本人の感情を煽ろうとしている。**尖閣諸島で日本が対中国に強硬政策をとることを奨励している。

また二〇一〇年九月一六日付産経ニュース『中国漁船衝突　米、尖閣は日米安保の対象組織的な事件と警戒』は次のように報じている。

「中国漁船衝突事件について、米政府は事件は偶発的なものではなく、中国政府黙認の下で起きた『組織的な事件』との見方を強め、中国の動向を警戒している。（中略）米政府は、中国政府部内で尖閣諸島の実効支配が機関決定された可能性があり、〝漁船を隠れみのに軍と一体となって、この方針を行動に移している〟（日米関係筋）との見方を強めている。衝突事件が〝組織的な事件〟との認識はこうした見方に基づいている。

同筋は、衝突事件で中国が強気の姿勢をとっている理由について、〝中国国内の（日本を批判する）世論への対策ということを超えた行動であり、尖閣諸島の領有化という明確な政府の意思を示したものだ〟と警鐘を鳴らす」

ここでも中国政府が行った組織的事件という米国の見解が紹介されている。

アーミテージの発言や産経ニュースに共通するのは「日米関係が冷え込み、米国が日本を支援してくれるか不明である」という前提で「中国が試してみた」という認識である。

†日米同盟強化へ

では、中国は「普天間問題で日米関係が冷え込んでいるから、この間に尖閣諸島をとってやれ」と思ったか。これに対する答えは、米国自らが提供してくれている。

尖閣諸島で衝突が起こったのは九月七日である。実はその前、八月一六日クローリー国務次官補は記者懇談会で「尖閣諸島は日本の行政的支配の下にある。日米安保条約第五条は日本の管轄下にある地域に適用される。従って安保条約第五条は尖閣諸島に適用される。米国の立場は何ら変化していない」と明言している。

仮に二〇一〇年八月、九月の時点で日米関係が冷え込んだという現象が起こっていたとしても、米国政府は尖閣に対する姿勢は何ら変化ないと言っている。米国は事件前、事件後、自国の政策に何の変化も見せていない。この状況の中なぜ中国政府は「日米を試すために（漁船衝突事件を）実施」する必要があるか。

さらに見てみよう。中国違反船の動向である。次の資料は民主党中村哲治参議院議員が筆者に提供したものである。

平成二三年一月二五日

海上保安庁

尖閣諸島周辺の我が国領海内において、違反操業している外国漁船に対して退去警告を行い、領海外に退去させた件数

			退去警告件数
平成二二年	八月		一〇八
	九月	事件発生前	一六八
		事件発生後	一三八
	一〇月		六
	一一月		〇
	一二月		二

八月、九月の退去警告件数は総数四一四件である。四一三件まで何の事故もなく退去している。事件を起こしたのは一隻だけである。もし「事件は偶発的なものではなく、中国政府黙認の下で起きた〝組織的な事件〟」で「漁船を隠れみのに軍と一体となって、この方針を行動に移している」なら、なぜたった一隻だけが行動するのか。そして日本側に逮捕されるという惨めな結果を招かなければならないか。

中国右派が望むことは日本に勝利することであろう。日本の海上保安庁に辱めを受けることは望んでいない。

こうみると、アーミテージの「尖閣、尖閣、尖閣……〝我々をなめるんじゃないぞ〟」の発言が代表するように、米国は明らかに日本を扇動している。

では米国は、こうした扇動で日本をどうしようとしているのか。アーミテージは日本人記者クラブで、「日米合同軍事訓練をパラオなどで行えば効果的なメッセージを中国に送ることができると述べ、軍事上でも日米関係の強化を示すことが有効だとの認識を示した」と報じられた。ここでは「軍事上でも日米関係の強化」を述べている。さらに著書『日米同盟VS.中国・北朝鮮』の中では、「日米合同で合同上陸作戦訓練を行うべきだ。パラオでもマーシャル群島でもどこでも」と、「日本はもう少し軍備にお金をかけることができるでしょう。たとえば憲法九条を破棄したらどうでしょう」と言っている。

また九月一六日付産経ニュースは、「クローリー国務次官補は九月一四日の記者会見で衝突事件に関し〝日米同盟はアジアの平和と安定にとって要石だ〟と強調した」として、日米同盟の強化に貢献させることを意図している。

尖閣諸島での事件以降、日米同盟の強化に貢献するいかなる事例があったか、列挙してみよう。
・武器輸出三原則見直しの動き
「武器輸出三原則の見直し問題が浮上している」と報道される(一〇月一七日付産経ニュース)。ただし「菅直人首相が見直しに反対する社民党との連携を重視する方針を示したことを踏まえ、断念」(一二月七日付 asahi.com)。
・アフガニスタンに対する自衛隊医官派遣を検討
政府は自衛隊の医官をアフガンに派遣し、北大西洋条約機構(NATO)が主体の国際治安支援部隊(ISAF)のプログラムで医師養成を行うことを検討してきたが、北沢俊美防衛相は一一月一一日の衆院安全保障委員会で調査団派遣を表明(一一月一一日付 asahi.com)。
・沖縄知事選挙
一一月二八日投票。仲井真弘多氏が伊波洋一氏らを破って再選。伊波氏は普天間米軍基地の県外移転を強く主張。

・日米共同統合演習

一二月三日から八日間、戦後最大規模の実動演習を実施。陸海空自衛隊から約三万四〇〇〇人、艦艇約四〇隻、航空機約二五〇機、米軍から約一万人、艦艇約二〇隻、航空機約一五〇機が参加（一二月三日付産経ニュース）。

・朝鮮半島有事の際、北朝鮮へ自衛隊派遣

「菅首相は一〇日夜、朝鮮半島有事が起きた場合、北朝鮮による拉致被害者の救出のため、自衛隊派遣の可能性を政府内で検討していることを明らかにした」（一二月一一日付 読売新聞）。

・防衛大綱

二〇一〇年一二月一七日に安全保障会議ならびに閣議で新大綱が決定。この中で中国の軍事的動きを「地域・国際社会の懸念事項」と位置付けて日米関係を中心に防衛力整備を決定（閣議決定配付資料）。

これらの動きはいずれも尖閣諸島で日米関係を強化しなければならないという国民感情を背景にその実施が歓迎されてきた。米国は北方領土問題を利用し、日本が独自にソ連との協調を計る道を止めた。

これによって日本を冷戦時代対ソ連戦略の要に組み込んだ。

今また尖閣諸島という問題を利用し、日米軍事関係の強化に利用することを図っている。

第四章

日米同盟は役に立つのか

――米国にとっての日本領土

†北方領土に在日米軍は出ない

二〇一〇年普天間移設問題で幾度かＮＨＫの討論会に出た。私は、

「普天間移設問題がこじれても日米関係や日米安全保障関係が壊れるという危険はない。その一番の理由は**米国にとって日本の米軍基地全体は極めて重要である。**米軍は海外米軍基地の価値を計る指標にＰＲＶ（property replacement value、財産代替価値）を使っているが、この指標に基づけば、日本の基地は全世界の約三〇％である。さらに米軍基地の受け入れ国の基地支援では日本は全ＮＡＴＯ諸国の一・六倍、全世界の五〇％にものぼっている。普天間基地は在日米軍基地全体の二〇分の一にも満たない。二〇分の一がうまくいかなくて、残りの二〇分の一九をおかしくすることは、米国は絶対できない」

と主張した。その時何としても辺野古へ移転すべきであると主張していた人が次のように発言した。

「日本は北方領土、竹島、尖閣列島を抱えている。これらを守るためにも強固な日米関係が必要である」

同じような発言はしばしば見られる。読売新聞の一月一日付社説は、こう書く。

「懸念すべき政治現象の一つが、日本の存立にかかわる外交力の劣化と安全保障の弱体

化である。

それを如実に示したのが、尖閣諸島沖の中国漁船衝突事件と、メドベージェフ露大統領の北方領土視察だ。日米同盟の亀裂を見透かした中露両国の露骨な揺さぶり。それもこれも外交・安全保障の基軸である、日米同盟をおろそかにしたからである」

こうした論は、日本国内で広く広がっている。これだけ執拗にキャンペーンが広げられると、日本人の多くはその意見に同意する。では、それは本当だろうか。

在日米軍が日本の防衛にどうかかわるか。それを規定しているのが日米安保条約である。安保条約第五条は、次のように記している。

「各締約国は、日本国の施政の下にある領域における、いずれか一方に対する武力攻撃が、自国の平和及び安全を危うくするものであることを認め、自国の憲法上の規定及び手続に従って共通の危険に対処するように行動する」

安保条約は「日本の領土」に対する武力攻撃を対象としているのではない。「日本国の施政の下にある領域」に対する武力攻撃である。北方領土はロシア（ソ連）の施政下にある。日本の施政下にない。従って安保条約の対象にはならない。この点は過去日米双方でしばしば明確にされている。

ロシアのメドベージェフ大統領が日本の北方領土を訪問した時にも、米国は「北方領土は安保条約の対象外」と明確に立場を明らかにしている。クローリー米国務次官補（広報担当）は二〇一〇年一一月二日の記者会見で、米国の日本防衛義務を定めた日米安全保障条約第五条について、〝北方領土は現在日本の施政下になく、条約は適用されない〟と述べている（米国国務省一一月二日付Daily Press Briefing）。

日本においては「米軍が北方領土解決に貢献する」と思っている人が多い。しかし、実態は異なる。

†竹島をめぐる綱引き

「はじめに」で触れたように、私は講演会などでしばしば、次の問を行う。「今日米国は竹島を日本領と見なしているか」「韓国領とみなしているか」「中立とみなしているか」。大体、七〇％が中立と言い、二〇％が日本領と言い、一〇％が韓国領と言う。しかし実態は違う。

米国の地名委員会（United States Board on Geographic Names、ＢＧＮ）は、一八九〇年大統領令及び一九四七年法律により設置されている。外国を含め、地名に関する政策を扱う。

竹島は日本名「竹島」、韓国名「独島（Dokdo）」、米国では「リアンクール島（Lian-

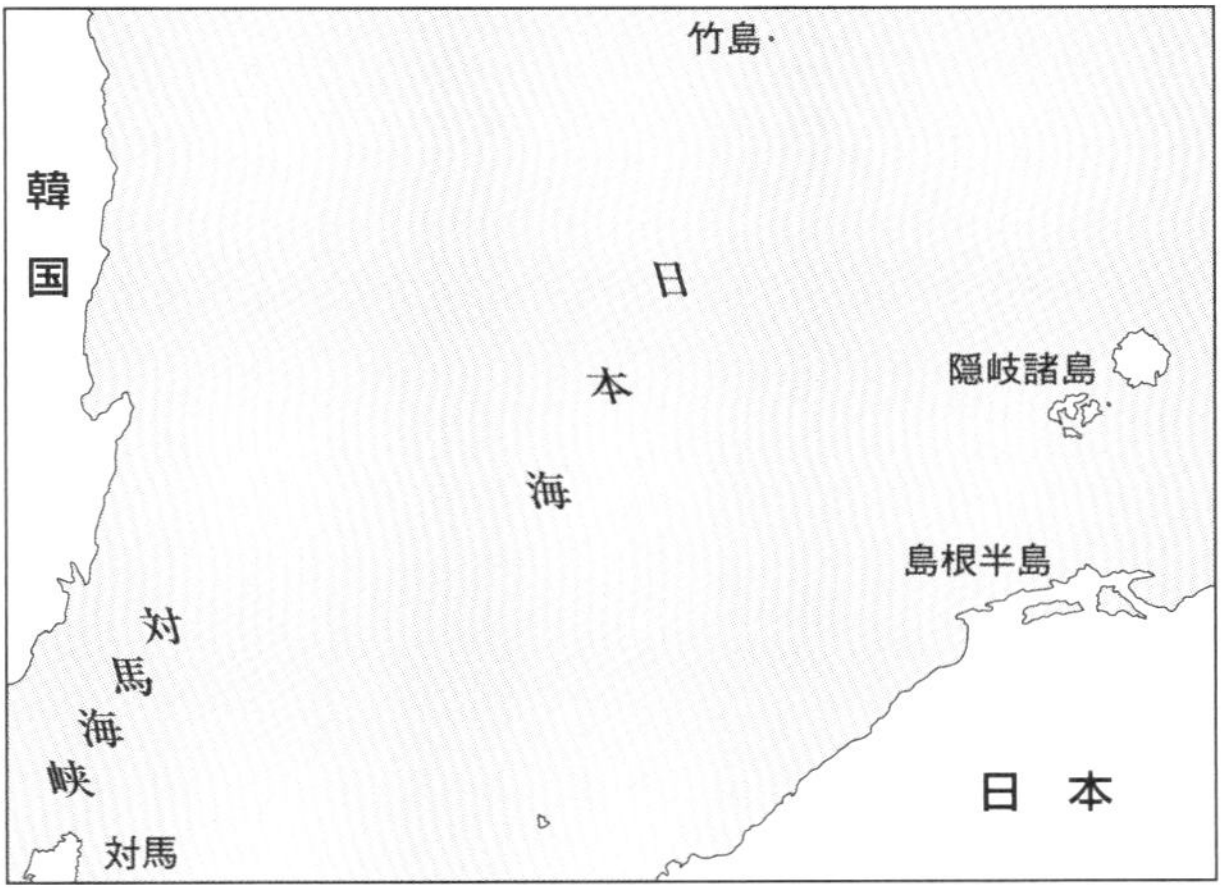

court rocks)」と呼ばれている。リアンクール島の呼び名は、一八四九年フランス捕鯨船がこの島を発見・命名し、その呼称が国際的に使用されたことにより、米国での公式名称である。この「Liancourt rocks」を地名委員会のGNS Searchで検索してみると所属国（Country Code）を大韓民国（South Korea）と表記している。「Take-shima」をクリックした場合にも所属国は大韓民国と表記される。

多くの日本人にとっては驚きの事実である。ではどうしてこうなってしまったのか。その決定に、誰が関与したか。

二〇〇八年の動きを整理してみたい。

・二〇〇八年七月下旬地名委員会はこれまで竹島（米国ではLiancourt rocks）を「韓国

領」としていたものを「どの国にも属さない地域（territory belonging to no country）」に改めた。

・韓国国内では大問題になる。韓国側はブッシュ大統領の韓国訪問の際、議題としてとりあげざるをえないと伝える（七月二八日付 Korean Times 報道）

・この問題ではブッシュ大統領が関与し、韓国大使との会談でライス国務長官に検討するよう指示し（七月三一日 Korean Times 報道）、再度「韓国領」に改められた。

・日本国内では一連の動きの過程において、官房長官は「アメリカ一機関の動きにいちいち反応する必要がない」と指摘した。

上記についての代表的報道は二〇〇八年七月三〇日付ＡＦＰであり、「韓国は紛争地における米国の決定を賞賛（Korea hails US decision on disputed islets）」の標題の下次のように報じている。

「ブッシュ大統領はアジア諸国ジャーナリストに対して〝地理のデータベースに関して、私はライス（国務長官）に七日前、検討し、元にあったようにするよう指示した〟と述べた。（注：一時〝領有不明〟としたのを〝韓国領〟とすることを意味する）

ブッシュのコメントは来週のブッシュの韓国訪問を前にして行われた。

大統領府スポークスマンは〝この例外的に迅速な措置はブッシュ大統領の韓国世論の

理解と両国首脳間の信頼関係を表すものである〃と述べた。
日本は〃この決定が竹島問題に対する米国の態度を変えるものでない〃と重要性を低めている」

では、この動きに日本側はどう反応したか。二〇〇八年七月三一日付朝日新聞は「町村官房長官は七月三一日の記者会見で、〃米政府の一機関のやることに、あれこれ過度に反応することはない〃と述べ、直ちに米政府の記述の変更を求めたりせず、事態を静観する考えを示した」と報じている。

当時の、町村信孝官房長官は重大な過ちを犯した。それは歴史的過ちと言える。

第一に、これは単に「米国一機関のやっていること」と決めつけられるような小さな動きではない。ブッシュ大統領、ライス国務長官が関与している。この機関は地名に関し、米国全体を代表し調整する機関である。

第二に、米国がどのように判断するかは竹島の帰属に深刻な影響を与える。すでに北方領土の項で見たように、一九四五年七月二六日連合国側は、日本国政府にポツダム宣言の受諾を求め、その中で領土に関し、「日本国ノ主権ハ本州、北海道、九州及四国並ニ吾等ノ決定スル諸小島ニ局限セラルベシ」の記述があり、日本はこれを受諾した。「本州、北海道、九州及四国」以外の島は「吾等ノ決定スル諸小島ニ局限セラルベシ」とされている。

「吾等」の中心は米国である。この米国が竹島を日本領ではなく、韓国領と言えば、それは日本領とはなり得ない。

従って米国地名委員会がいかなる決定をするかは、竹島がどこに帰属するかを決める極めて重要な動きである。ポツダム宣言の中で、竹島はどの様に扱われてきたのであろうか。

①一九四六年一月二九日連合軍最高司令部訓令(SCAPIN)第六七七号

「日本と言ふ場合は次の定義による」の中で「日本の範囲から除かれる地域」として「(a)鬱陵島、竹島、済州島」としている。

従って、終戦直後の時点では、米国は竹島を日本領から除く方針を持っている。

②サンフランシスコ平和条約での扱い

ここでは「日本国は、朝鮮の独立を承認して、済州島、巨文島及び鬱陵島を含む朝鮮に対するすべての権利、権原及び請求権を放棄する(第二章 領域、第二条(a))」としている。明確に竹島が放棄する島の対象とはなっていない。一九四六年一月二九日連合軍最高司令部訓令とは明らかに異なる。

この点に関しては一九五一年八月一〇日ラスク国務次官補発韓国大使宛書簡がある。

「ド・チャン・ヤン大使閣下

我々は日本との平和条約に関する韓国側要請を受理した。独島を済州島等と共に

Liancourt rocksを権利放棄の中に含めるようとの要請に関しては、応ずることはできない。我々への情報によれば独島は朝鮮の一部と扱われたことは一度もなく、一九〇五年以降島根県隠岐島司の所管にある。

国務省を代表して　ラスク」（出典：Rusk note of 一九五一, wikisource）

歴史を見ると、米国の竹島の扱いは揺れ動いている。①竹島を日本領から放す（従って韓国領とする）考え方から、②日本領と認めるという考え方、さらに①と②の間にあたる③領有不明という、三つの選択がある。**米国が①の場合や②の場合を選択する時には、各々日本、韓国の働きかけがある。**

†竹島の歴史をめぐる日韓の隔たり

日本は、一九四六年一月二九日連合軍最高司令部訓令で、**竹島が「日本の範囲から除かれる地域」となるところから出発した。**しかし、一九五一年にはラスク国務次官補が「我々への情報によれば独島は朝鮮の一部と扱われたことは一度もなく、一九〇五年以降島根県隠岐島司の所管にある」として、**竹島を日本領土とする所まで持って行っている。米国の占領下の中でも、「言うべきことは言う」外交を行っていた。**

しかし、今はどうであろう。韓国は大統領以下、竹島を自国領と確定するために米国に働き掛けている。しかし、米国の地名に全責任を負っている地名委員会が竹島を韓国領と明記しても、町村官房長官は「米政府の一機関のやっていることに対し、いちいちコメントをしたり、特段の反応をしたりする必要はない」と述べている。**ある意味で、外交放棄である。**ここでもまた、「米国の指示は何でも聞く。米国が日本の国益に害することを行っても黙って聞く」今日の外交スタイルが如実に現れている。

一九五一年ラスク長官は韓国大使に「我々への情報によれば独島は朝鮮の一部と扱われたことは一度もなく、一九〇五年以降島根県隠岐島司の所管にある」と言っている。この点はどうなったのであろうか。

まず我が国の立場をみてみたい。外務省ホームページは「日本における竹島の認知」と「竹島の領有」の項で次のように説明している。

・現在の竹島は、我が国ではかつて「松島」と呼ばれ、逆に鬱陵島が「竹島」や「磯竹島」と呼ばれていました。我が国が「竹島」と「松島」の存在を古くから承知していたことは各種の地図や文献からも確認できます。「改正日本輿地路程（よちろてい）全図」（一七七九年初版）のほか、鬱陵島と竹島を朝鮮半島と隠岐諸島との間に的確に記載している地図は多数存在します。

・一六一八年（注）、鳥取藩伯耆国米子の町人大谷甚吉、村川市兵衛は、同藩主を通じて幕府から鬱陵島（当時の「竹島」）への渡海免許を受けました。（注）一六二五年との説もあります。

・両家は、将軍家の葵の紋を打ち出した船印をたてて鬱陵島で漁猟に従事し、採取したあわびを将軍家等に献上するのを常としており、いわば同島の独占的経営を幕府公認で行っていました。

・我が国は、遅くとも江戸時代初期にあたる一七世紀半ばには、竹島の領有権を確立しました。

では、韓国側はどの様な主張を行っているか。金学俊（仁川大学総長、韓国政治学会長、東亜日報社長）著『独島／竹島　韓国の論理』（論創社）は次のように記述している。

・『三国史記』（一一四五年）に「于山島」（竹島）の記述がある。『高麗史』（一四五一年）に「鬱陵島」以外に「于山島」があるということを韓国の史書で明示された初めての事例である。『世宗実録』（一四五四年）は「于山、武陵二島在県正東海中」と記している。

・『新増東国輿地勝覧』（一五三一年）の『八道総図』と『江原道部分図』という地図が東海に朝鮮の領土として、「鬱陵島」と「于山島」を並べて以来、朝鮮王朝の時に作られた地図のほとんどが、「鬱陵島」と「于山島」を並べて描いている。

・一六九三年安龍福が鬱陵島に連れてこられた時、安龍福は「私が我が国領土を思いのまま歩き回っているのに如何なる理由で捕まえることができるか」と隠岐島の島主と伯耆守に問い詰めている（『粛宗実録』一六九三年などに記載）。

・林子平は『三国接壌地図』（一七八五年）は竹島（鬱陵島）と松島（独島）を正確な位置で描き入れた後、この島を二つとも朝鮮国の色である黄色で示した。

・日本陸軍省参謀局が一八七五年に作った『朝鮮全図』は松島を朝鮮の領土とした。日本海軍省は一八八六年に『朝鮮東海岸図』を編纂した。この地図で松島を「朝鮮の領土」に含めた。

・一八九八年の『大韓輿地図』と『大韓国全図』において独島も大韓帝国の領土に属しているのをはっきりとみせている。

・一九〇〇年一〇月二五日大韓帝国は勅令で管轄地を「鬱陵全島」と石島とした。石島が竹島である。

以上を見ると、韓国学者が極めて詳細に調査していることを示している。韓国では外交当局や学者の努力によって、かつてラスク国務次官補に「独島は朝鮮の一部と扱われたことは一度もなく、一九〇五年以降島根県隠岐島司の所管にある」と書簡に書かれた韓国は、今や米国地名委員会が竹島を韓国領と書くに至っている。

米国が竹島を韓国領とみなしている状況下で、日韓の武力紛争が生じた時に、米軍が日本側につくことはあり得ない。

「日本は北方領土、竹島、尖閣列島を抱えている。これらを守るためにも強固な日米関係が必要である」という説の、北方領土と竹島は安保条約第五条と無関係のことが明確となってくる。

†尖閣諸島は日米安保の対象だが

尖閣諸島に在日米軍は出るか、この問題を最初に提示したのは日本人ではない。何とモンデール駐日大使（一九九三年から九六年）である。モンデールは一九七七年から一九八一年までカーター政権で副大統領を務め、一九八四年の大統領選挙では、共和党レーガン大統領に対する指名候補者となった民主党の重鎮である。

一九九六年九月一五日ニューヨーク・タイムズ紙は「モンデール大使は〝米国は（尖閣）諸島の領有問題にいずれの側にもつかない。米軍は（日米安保）条約によって介入を強制されるものではない」と述べ、同じく一〇月二〇日付ニューヨーク・タイムズ紙は「モンデール大使は常識であること、つまり（尖閣）諸島の（中国による）奪取が（安保）

条約を発動させ米軍の軍事介入を強制するものではないと示唆した」と報じた。（出典：Mark Valencia著「The East China Sea Dispute」（学術誌Asian Perspective二〇〇七年第一号一五六頁）

モンデール大使はとんでもないことを言及した。多くの日本人は、「在日米軍は日本の領土を守るために日本にいる」と信じている。日本の領土の中には尖閣諸島も入っている。もし米軍が尖閣諸島を守らないのなら、日本人の中から「米軍は何のために日本にいるか」という疑問を抱かせる。即、日米双方はモンデール大使発言のダメージ・コントロール（損傷の制御）に入った。米国は次の原則を日本側に知らせる。

・一九七二年の沖縄返還以来、尖閣列島は日本の管轄権の下にある。一九六〇年安保条約第五条は日本の管轄地に適用されると述べている。従って第五条は尖閣列島に適用される。

・尖閣の主権は係争中である。米国は最終的な主権問題に立場をとらない。

それ以降幾度となく米国はこの立場を日本側に知らせている（外務省ホームページ一九九六年一一月六日付外務報道官談話等）。米国はこの方針をしばしば言及するが、もっとも簡潔にとりまとめたのは二〇〇四年三月二四日エレリ国務省副報道官の説明である。

・一九七二年の沖縄返還以来、尖閣列島は日本の管轄権の下にある。一九六〇年安保条約

第五条は日本の管轄地に適用されると述べており、従って第五条は尖閣列島に適用される。

・尖閣の主権は係争中である。米国は最終的な主権問題に立場をとらない。

同じように、二〇一〇年九月二四日時事通信は、「前原外相はクリントン米国務長官と会談した。クリントン長官は尖閣諸島について〝日米安全保障条約は明らかに適用される〟と述べた」と報じた。

ここで非常に重要な論点が残っている。「尖閣諸島が安保条約の対象になる」ということと、「尖閣諸島での軍事紛争の際に米軍が出る」ということは同一ではない。

†尖閣諸島に米軍は出るか

安保条約第五条を見てみよう。第五条は「各締約国は、日本国の施政の下にある領域における、いずれか一方に対する武力攻撃が、自国の平和及び安全を危うくするものであることを認め、自国の憲法上の規定及び手続に従って共通の危険に対処するように行動することを宣言する」としている。

尖閣諸島が日本の施政下にある。それは正しい。だから第五条の対象になる。これも正しい。では、それが「米軍の介入になるか」というと、それはモンデール大使の言うよう

に自明でない。

米国は条約上の義務を負っていない。第五条で述べているのは「自国の憲法上の規定に従って行動する」と言っている。では米国憲法の規定とは何を意味するか。

米国憲法第八条［連邦議会の立法権限］の第一一項に戦争宣言が記載されている。他方大統領は軍の最高司令官であり、戦争の遂行の権限を有する。こうして戦争実施に関し力を分散させたのは、米国が突入する危険を少なくするためと見られている。議会の戦争宣言権と、軍の最高司令官の間の権限調整は、法的にさまざまな議論があるが、大統領は戦争に入る際には政治的にできる限り議会の承諾を得るように努力する。

この中「主権は係争中。米国は主権問題に中立」としている尖閣諸島の問題に議会と相談なく軍事介入することはありえない。従って米国が安保条約で約束していることは、せいぜい「議会の承認を求めるよう努力する」程度である。

米国が自国の軍隊をどこまで使うかは、日米安保条約と北大西洋条約を比較すれば、より鮮明になる。

北大西洋条約第五条は「締約国に対する武力攻撃を全締約国に対する攻撃とみなすことに同意する。武力攻撃が行われたときは、個別的又は集団的自衛権を行使して、北大西洋地域の安全を回復し及び維持するために、その必要と認める行動（兵力の使用を含む）を直ちに執る」としている。日米安保条約では「自国の憲法上の規定に従って行動する」である。北大西洋条約は「必要と認める行動（兵力の使用を含む）を直ちに執る」としている。

日本の多くの人は「尖閣諸島が安保条約の対象である」ことと、「米軍が尖閣諸島に軍事的に介入する」とは同じであると思っている。ここには大きな隔たりがある。

その意味で、モンデール大使は「米国は（尖閣）諸島の領有問題にいずれの側にもつかない。米軍は（日米安保）条約によって介入を強制されるものではない」は正しい認識を言ったのである。ただこれは**日本国民に知られてはいけないこと**である。だからモンデール大使は事実上の辞任をせざるを得なかった。

†島嶼を守るのは自衛隊

法律論を終えて、現実に尖閣諸島で日中の武力紛争が生じた時に米軍は参加するのか。

一つの手がかりは二〇〇五年一〇月、米国側のライス国務長官とラムズフェルド国防長官、日本側の町村外務大臣と大野防衛庁長官の間で署名された「日米同盟　未来のための変革と再編」である。この文書は日米同盟のあり方を詳細に明記している。「I概観」に次いで「II役割・任務・能力」が規定されている。まず重点分野が示され、次いで役割・

任務・能力についての基本的考え方が記載されるという構成である。

その中、日本の行うこととして「島嶼部への侵攻への対応」がある。「二国間協力」や「日本と米国が」行うべきことや「双方が」行うべきことも記載されているが、「島嶼部への侵攻への対応」は日本独自で行うことが想定されている。

つまり、ここで仮に中国が尖閣諸島を占拠し、確保すれば中国が管轄する地になる。その際には安保条約の対象から離れる。

上記は私の分析である。米国側はそこまで詳しく説明しなかった。

しかし突然、米側からの説明が現れた。アーミテージ元国務省副長官が文藝春秋二〇一一年二月号の、ハーバード大学教授ジョセフ・ナイとの対談で「日本が自ら尖閣を守らなければ（日本の施政下ではなくなり）我々も尖閣を守ることができなくなるのですよ」と述べたのだ。アーミテージは長年にわたり米国政府高官を歴任し、なおかつ対日政策に精通した人物である。

尖閣諸島では中国が攻めてきた時には自衛隊が守る。この際には米軍はでない。ここで自衛隊が守れば問題ない。しかし守りきれなければ、管轄地は中国に渡る。その時にはもう安保条約の対象でなくなる。

こう見ると、「日本は北方領土、竹島、尖閣列島を守るためにも、強固な日米関係が必要である」と一般に思われていることが、実はどれもこれも自明ではない。

軍事面から見る尖閣防衛

尖閣諸島の防衛を法律面でなく、軍事面で見てみたい。二〇一〇年一〇月三日付産経ニュースは次の報道をした。

「日米両防衛当局が、一一月のオバマ米大統領の来日直後から、米海軍と海上自衛隊を中心に空母ジョージ・ワシントンも参加しての大規模な統合演習を実施することが明らかになった。

第一段階では、あらゆる外交上の応酬を想定しながら、尖閣諸島が不法占拠された場合を想定。日米両軍で制空権、制海権を瞬時に確保後、尖閣諸島を包囲し中国軍の上陸部隊の補給路を断ち、兵糧攻めにする。

第二段階は、圧倒的な航空戦力と海上戦力を背景に、日米両軍の援護射撃を受けながら、陸上自衛隊の空挺（くうてい）部隊が尖閣諸島に降下し、投降しない中国軍を殲滅する」

壮大な計画である。日本の多くの人は中国が尖閣諸島に攻めて来た時にはこう作戦が行われるであろうと思っている。二〇一〇年一一月、産経ニュースで報道された計画に沿った演習が実施されたという報道は見当たらない。

この記事の何が問題か。「日米両軍で制空権、制海権を瞬時に確保」の部分である。制空権、制海権を確保するということは中国の軍艦を撃沈し、中国の戦闘機などを撃墜することである。それは米国が中国との戦争に入ることを意味する。

米国の軍事力は圧倒的に強い。従って多くの人は、米国は中国空軍を一蹴できると思っている。実はそう簡単ではない。

いくつかの新しい情報が出てきているので、まず空軍関係を整理してみたい。

①中国、ステレス機能を持つ戦闘機の大量配備を予定

米国防長官は一七日、上院軍事委員会公聴会で中国が二〇二五年までにステルス機能を持つ次世代戦闘機約二〇〇機を配備と発言した（二〇一一年二月一八日産経）。日本にステルス戦闘機の配備計画はまだない。米国が日本に配備するステルス戦闘機は限定的であると見られる。従って中期的には、尖閣諸島周辺の制空権は中国がとる可能性が高い。

②中国、対空母ミサイルを開発

二〇一一年二月一九日付読売新聞は、「環球時報は一八日、中国軍が、開発を進めた対艦弾道ミサイル（ASBM）〝東風（DF）21D〟の配備をすでに始めたと伝えた。DF21

Dは射程約二〇〇〇キロで、空母キラーと呼ばれ、米空母戦闘群の西太平洋からの接近阻止を戦略目標とする中国軍の切り札とされる。今年から戦略ミサイル部隊である第二砲兵に本格配備されるとの見方が米国などで強まっていた。米空母の東シナ海への接近が阻止される事態は、日本の安全保障体制を根本から揺さぶり、練り直しを迫るものだ」と報じている。

③中国ミサイルは在日米軍基地攻撃が可能

第一章で触れたように、二〇一〇年一一月四日付ワシントン・タイムズは「中国のミサイルは米軍基地を破壊できる（Chinese missiles can ravage U. S. bases）」の標題で「八〇の中・短弾道弾、三五〇のクルーズ・ミサイルで在日米軍基地を破壊できる」と次のように報じた。

「米議会の諮問機関〝米中経済安全保障再考委員会〟は近く報告書を発表するが、その中では、〝危機時において中国は六つのアジアにおける米軍基地のうち、グァムを除く他の五つ、日本の嘉手納、横田、三沢基地と在韓基地を機能不全にすることができる。嘉手納、横田、三沢の基地は八〇の中距離・短距離弾道ミサイルと三五〇の地上発射クルーズ・ミサイルで倒される〟と指摘されている」

中国は米国と対峙する時に、日本の米軍基地をミサイル攻撃して、滑走路や管制機能を破壊すればよい。中距離ミサイル東風21Cの命中精度は平均誤差半径が三〇―四〇メートルと見られている（sinodefense.com）ので、十分目標を捉えられる。ミサイル攻撃で一瞬に基地使用が不可能になる。

いかに優れた航空機の数を揃えても、基地が機能麻痺になれば、利用不可能である。ここで米軍と中国の戦闘機の性能を比較する必要がない。産経ニュースの報じた「制空権を瞬時に確保」は、在日米軍基地の脆弱性を考えるとほぼ不可能である。

では海上はどうであろうか。

二〇一〇年一〇月二二日付CNNは「海上自衛隊の潜水艦が今後四年間で六隻追加され、現在の一六隻から二二隻になる見通しである」と報じた。日本周辺の米国潜水艦数は数隻といわれている。他方中国は八隻から一〇隻の原子力潜水艦と五〇―六〇隻の潜水艦を持っている。その上、制空権は簡単にとれない。

これだけ見ても「制海権を瞬時に確保」も無理である。**尖閣諸島の防衛には、制空権、制海権獲得は、簡単に行えない。**

†米国はどこまで日本防衛の義務を負っているか

政治面ではどうか。米国が軍事で対中包囲網を目指す時には確かに尖閣諸島を緊張させ、自衛隊と米軍の協力関係を進めるのは米国にとって利益となる。しかし、**国際政治では一般的に言って、同盟国との関係で、無用な戦争に引き込まれるのを嫌う。**この考えは米国には強い。

米国の安全保障を学ぶ者が必ず読む本に、トゥーキュディデース『戦史』(岩波書店)がある。この本には、なぜスパルタクスとアテネが戦争にいたったかが記載されている。両者の戦いは、アテネが同盟国ケルキュラを助けコリントと戦ったのを端緒とし、これが結局アテネの崩壊につながる。

『戦史』では、まさに同盟国を支援する功罪が論じられている。リアリストの流れをくむハーバード大学のステファン・ウォルト教授は、望ましい同盟国を「強力で安定し、他の国との非生産的な争いに巻き込まれ戦略的問題を引き起こさない国」(Stephen Walt、「Mubarak speaks」Foreign Policy、February 2, 2011)としている。日本と同盟を持つことにより、中国との軍事的衝突がますのであれば、同盟関係を弱体化させるということになる。

米国は、日中間の緊張が日本の米国戦略との一体化に貢献するなら、日本に対して中国に厳しく対応しろという。しかし、日中の武力紛争で米国が巻き込まれる可能性が出れば米国は身を引く。

これが米国安全保障分野で主流を占めるリアリストたちの考え方である。

本章では、先に日米安保条約で米国は日本防衛の義務をどこまで負っているかを見た。重要なので整理しておきたい。

①米国が日本防衛について負っている義務は安保条約第五条である。ここでは二つの条件がある。一つは「日本の管轄地に攻撃があった時」今一つは「米国は自国の憲法に従い行動する」である。

②米国の防衛義務には様々なものがある。NATOに関しては「武力攻撃が行われたときは、北大西洋地域の安全を回復し及び維持するためにその必要と認める行動（兵力の使用を含む）を個別的に及び他の締約国と共同してただちにとることにより、その攻撃を受けた締約国を援助することに同意する」と、行動することを条約上約束している。日米安保条約ではこのような義務を米国は負っていない。

③「日本の管轄地」の観点から、北方領土、竹島は対象から離れ、尖閣諸島についても、中国が攻撃し管轄した時には安保条約の対象から離れる。

④米国は憲法上、交戦権は議会の権利であり、「米国は自国の憲法に従い行動する」は議会の決定に従い行動する以上のものではない。

第五章　領土問題の平和的解決——武力を使わせない知恵

†平和的解決を求める必要性

すでに第二章で一九七八年四月の尖閣諸島の騒動を見た。中国漁船が約一四〇隻尖閣諸島周辺に集結し、内約一〇隻が領海内に侵入した事件である。この時いかなる処理がなされたか。日本の巡視船三隻が立ち退きを呼びかけたが、中国漁船は動かなかった。

米軍が駆けつけてくれたか。米軍はまったく動いていない。

では、どう解決したか。第一章で見たように、「事件が表面化し、上海市党委員会は党中央委員会の名で〝撤退しない者は党籍除名にする〟と通告した」(前掲書『天皇と鄧小平の握手』)として、党の指示が解決の要因であった。そして日中平和条約交渉の際、鄧小平副首相が園田外務大臣に対して「にこにこ笑って〝この前のは偶発事故だ。もう絶対やらん〟と言って」解決した(前掲書『世界日本愛』)。

ここに一つのヒントがある。紛争が発生した時、異なる見解を持つ相手を力まかせで従わせようとしても、簡単にいかない。しかし、**相手が紛争解決に利益を見いだすなら、事態は簡単に解決する**。平和的手段は一見頼りない。しかし有効に機能させれば、最も効果のある手段となる。

逆に、尖閣諸島の問題で軍事的手段に訴えようとした時、どれぐらい困難かを見てみたい。中国は今日、一九七八年の時点と比べて圧倒的に軍事力、経済力をつけた。従って中国が尖閣諸島に手をつけてくる時には漁船一〇〇隻という規模は越えてくるだろうが、とりあえず一〇〇隻の漁船が尖閣諸島の領海内に入って、「ここは中国の領海内だ。我々は自国の権利に従って漁をしている」と言って居座ったと仮定したらどうなるか。

現在、日本は大型巡視船を一三隻、釧路から那覇までの一一管区で持っている。

北方領土周辺で日本漁船に対するロシア軍の銃撃がしばしば発生している。従って北の監視は必要である。かつて北朝鮮の不審船が能登沖で活動した。拉致は新潟県で発生している。したがって北陸近辺にも必要である。

こうした状況下、九州以南の巡視船配置は四隻である。今後日本が増強しても数隻であろう。

他方中国は「中国国家海洋局の幹部は一一日、パトロール部隊の海監総隊が、今後五年で巡視船を新たに三〇隻建造する計画であることを明らかにした」（二〇一〇年一〇月一二日付読売新聞）と報じられたように、数年で中国巡視船の方が優る。日本の巡視船が強権発動して中国漁船を追い払うことはできない。

では、海上自衛隊が出動できるか。現時点では海上兵力は中国が量で優位、日本は質で優位である。しかし、中国海軍の近代化は急速な勢いで進んでいる。中国は豊富な資金量を背景に、質の面でもすぐ上にいく。

さらに紛争は海上に限定される訳ではない。相手国への本土攻撃能力では中国が圧倒的に強い。制海権をめぐる争いの中で、中国が日本に一発ミサイルを撃ったらどうなるか。自衛隊単独で中国軍に勝てるシナリオは考えられない。

かつ領土問題は一回限りの勝負ではない。経済力で圧倒的優位に立つ中国は、すぐに軍備増強を行う。

では、米軍が出て来るか。一九七八年尖閣諸島で米軍はまったく動いていないことに留意すべきである。尖閣諸島の米軍が出動する可能性は低い。この点はすでに、第四章で考察を重ねてきた。

日本にとって軍事的に有効に対応することは極めて難しい。

もう一度、平和的可能性を検討してみたい。一九七八年の時には鄧小平副首相の一言で解決した。中国には鄧小平のような英知が消滅してしまったか。

二〇一〇年九月の事件では、中国はいくつかの対抗措置をとった。しかし、尖閣諸島に対する中国外務省は「棚上げ」の続行を日本に説き、対決的でなかった。この点は漁船船長逮捕直後、訪中した山口壮議員が確認している。

しかし、日本国内ではまったく異なるトーンで報道された。二〇一〇年九月一六日付産経ニュースは次のように報じている。

「東シナ海の日本固有の領土、沖縄・尖閣諸島近海で起きた中国漁船衝突事件について、米政府は事件は偶発的なものではなく、中国政府黙認の下で起きた〝組織的な事件〟との見方を強め、中国の動向を警戒している。

米政府は、中国政府部内で尖閣諸島の実効支配が機関決定された可能性があり、〝漁船を隠れみのに軍と一体となって、この方針を行動に移している〟（日米関係筋）との見方を強めている。

衝突事件が〝組織的な事件〟との認識はこうした見方に基づいている。

同筋は、衝突事件で中国が強気の姿勢をとっている理由について、〝中国国内の（日本を批判する）世論への対策ということを超えた行動であり、尖閣諸島の領有化という明確な政府の意思を示したものだ〟と警鐘を鳴らす」

日本国民はこうした報道に誘導され、話し合いよりも、「断固とした姿勢」を選択した。緊張が発生した時、話し合いで解決するのは難しい。それは相手国との関係のみでない。感情的に高ぶる国民感情に対して、平和的解決がいかに望ましいかを説くのは、易しいことでない。

二国間関係が緊迫した時、重要なことは相手国と適切な交渉を行うだけではない。国民が事態をいかに冷静に判断できるかが極めて重要である。

†平和的手段の類型

平和的方法で、自国の利益を求めようとする時、手段はいくつかある。

・第一に相手国と直接交渉し、合意点を見いだすこと。
・第二に国連等の政治的取り決めに依存すること。
・第三に国際司法裁判所など国際的な司法に解決を委ねること。
・第四に紛争の生じうる可能性のある相手国と地域機構を構成し、紛争の対象よりもはるかに利益の大きい協力関係を築くこと。

国際社会は、第一次大戦後、紛争の平和的解決を真剣に模索した。それは戦争の犠牲があまりにも大きかったからである。歴史的経緯については、広瀬善男『力の行使と国際法』（信山社出版）が詳しい。

・第一次世界大戦前は「戦争の自由」の時代だった。（省略）国際法は、紛争当事者が戦争を紛争解決の手段として「戦争」を選択する限り、その原因の正当性とは無関係に国際社会はそれを受け入れる以外に道がなかった。

・国際法の「戦争」に対する立場に決定的な変更を加えたのは第一次大戦だった。すなわちこの大戦によって武力行使へ厳格な制約を課そうとする国際社会の意識がようやく醸成されたことである。（省略）新しい平和維持システムの登場である。その特性として三つをあげることができよう。

(a)第一は、戦争に関する主権的自由を否定したことである。

(b)国際紛争の平和的解決のための機構的ルールを確立したことである。

(c)第三は、紛争の平和的解決の義務に違反して戦争（武力行使）に訴えた国に対して国際社会が機構的制裁（外交、経済分野での非軍事的措置のほか、各国の軍事力を機構的統轄によって使用する方法での制裁）を課することである。

(d)国際連盟を経て、今日国際社会のメンバーは基本的に武力を避けることを約束している。

こうした歴史的背景を経て、一九四五年国連憲章が作られた。国連憲章は紛争解決に向けて、次の三つの重要な条文を有している。

・第一に、第二条第三項で「すべての加盟国は、その国際紛争を平和的手段によつて国際の平和及び安全並びに正義を危くしないように解決しなければならない」という一般原則を掲げた。

・第二に、第二条第四項で「すべての加盟国は、その国際関係において武力による威嚇又は武力の行使を、いかなる国の領土保全又は政治的独立に対するものも、また、国際連合の目的と両立しない他のいかなる方法によるものも慎まなければならない」とより具体的な制限を行った。

・第三に、「武力の行使を慎む」例外規定として、自衛権がある。

国連憲章第五一条は「この憲章のいかなる規定も、国際連合加盟国に対して武力攻撃が発生した場合には、安全保障理事会が国際の平和及び安全の維持に必要な措置をとるまでの間、個別的又は集団的自衛の固有の権利を害するものではない」としている。

こうして、国連憲章は武力に対する厳しい制限を設けた。国連憲章の制定以来、多くの紛争は「個別的又は集団的自衛権」を名目として戦われている。二国間や多国間の同盟条約は基本的に「個別的又は集団的自衛権」を基礎に作られている。

日米安保条約は前文で「両国が国際連合憲章に定める個別的又は集団的自衛の固有の権利を有していることを確認し」として条約の根拠を国連憲章に委ねている。NATO条約もその軍事行動を第五条で「国際連合憲章第五一条の規定に依って認められている個別的又は集団的自衛権を行使して」としている。

現在の国際社会は第一次大戦前に見られたような、「個々の国が〝戦争〟を選択する限

り、その原因の正当性とは無関係に国際社会はそれを受け入れる以外に道がなかった」という時代ではない。

†武力行使の制限と大国の思惑

湾岸戦争は、一九九〇年八月二日イラクがクウェートを侵略したことに対する対抗措置として、一九九一年一月一七日に開始された。イラクがクウェートに侵略する前、イラク側は「イラクの領土にあるルメイラ油田から石油を盗掘してきた。イラクはクウェートに対して石油盗掘分の二四億ドルの支払いと、国境画定のための交渉を求め、これが受け入れられなければイラクは軍事行動をとる」と警告している。

イラクのクウェート侵攻は領土問題でもあった。このイラクの侵略に対して国連安保理事国はイラクのクウェート侵攻を非難し、同国に即時の無条件撤退を求める決議660を採決した。その際も、「個別的又は集団的自衛の固有の権利を認識しつつ」として、個別的又は集団的自衛権を軍事行動の根拠としている。

またアフガニスタン戦争に関しても、二〇〇一年九月米国同時多発テロが発生した時には、安保理決議1368で「個別的又は集団的自衛の固有の権利を認識し」、「二〇〇一年九月一一日のテロ攻撃に対応するため、またあらゆる形態のテロリズムと闘うため、国連憲章のもとでの同理事会の責任に従い、あらゆる必要な手順をとる用意があることを表明する」としている。

従って、基本的には、武力行使を極力制限し、「個別的又は集団的自衛権」に限定しようとする流れは確実に維持されている。

問題は、安全保障理事会は米英仏露中の五大国が拒否権を持つことに由来する。この五大国の行動に対しては、国連として制裁措置がとれない。しかし、国連の武力行使を抑制する規定が厳しければ厳しいほど、軍事行動をとる五大国は政治的、道義的責任を負う。国連は五大国に無力なわけでない。

小国はできるだけ武力行使の制限を付けようとする。大国はできるだけ制限をなくそうとする。この綱引きは国連憲章を策定する時から始まっている。

†大国の責任

そのことは何を意味するか。日本など、五大国に比較して武力が弱い国はできるだけ、国際連合で武力行使を制限する規則を作る、そして五大国に法的、政治的、道義的責任を問う雰囲気を作ることである。

歴史的にみると、大国の行動を規制せんとする動きがあった。それが、「武力による威嚇又は武力の行使を、いかなる国の領土保全又は政治的独立に対するものも、慎まなければならない」とした条文である。この経緯について、前掲の広瀬善男『力の行使と国際法』は興味深い記述をしている。

「憲章第二条の原案では〝(武力による威嚇又は武力の行使を)いかなる国の領土保全又は政治的独立に対するものも(慎まなければならない。)〟という文言を欠いていた。ところがとくにこの言葉が挿入されるようになったのは、中小国の不安すなわち大国による彼らの独立に対する侵略の危険を明文で禁止したいという強い意向をいれたからである」

「米国代表も〝原案者の意図は、憲章と両立しない〟いかなる方法によっても〝という broadest term(注:最も広い意味合い)を言おうとしたものであり、absolute all-inclusive prohibition(注:完全にすべて包括した禁止)を言おうとしたものであり、そこに loophole(注:抜け道)はない〟と述べた。〝国の領土保全〟とか〝政治的独立〟というような法益は国家基本権中の最重要なものである」

「従って国連憲章の中でも、そうした文言を明記して武力行使の対象となる被害法益の中でも特別の意味を持たせたのは、自衛権概念を明確にする上で多大の意味を持つと思われる」

今日、五大国の軍事行動に制限がつけられ、軍事行動が攻撃された時のみ行使することにできれば、世界はどんなに平和になることか。軍事的弱小国の生きる道は、まさに「〝(武力による威嚇又は武力の行使を)いかなる国の領土保全又は政治的独立に対するものも(慎まなければならない。)〟」という原則を国際的に確立していくことである。その動きは安全保障理事会の拒否権を持ち、制裁の恐れなく軍事行動をとれる五大国に対抗する手段である。その中には米国も入る。

†中国の武力行使を抑えるには

こうした雰囲気を増すことにより、仮に中国が尖閣諸島において軍事行動をとろうとした場合には、国連憲章の「領土保全に対して武力行使を慎まなければならない」の決定に反する行動と位置付けられ、中国が法的、政治的、道義的制約を感じるようにさせていくことが重要である。

もちろん、この条文だけで中国の軍事力行使を抑止できるものではない。

では、中国は国連憲章の「武力による威嚇又は武力の行使をいかなる国の領土保全又は政治的独立に対するものも慎まなければならない」という条文をどう捉えているか。

中国にとっての安全保障上の最大の懸念は、自国領土の保全と米国である。

中国は漢民族の他に多くの民族を抱えている。個々の民族や特定地域住民が独自の政治体制を持ちたいとするのは時代の流れである。中国は国家全体として、常に個々の民族や特定地域の独立を恐れている。その際、外国の支援、介入がくることを懸念している。

かつてソ連時代、ソ連は西側勢力がソ連の中央アジアやコーカサス地方で民族運動を鼓舞し、ソ連を揺さぶることを警戒した。米中が世界の主導権を競っていく中、中国は米国が中国の民族や地域に介入し、中国を揺さぶることを警戒していた。中国にとって国家の統一のためには「武力による威嚇又は武力の行使をいかなる国の領土保全又は政治的独立に対するものも慎まなければならない」という条文は望ましい条文である。

具体的に見てみよう。二〇一〇年九月、中国の胡錦濤主席とロシアのメドベージェフ大統領の間で共同声明が出された。この中で「各国は国際法の原則を基礎とする国際関係システムを築くために数多くの取り組みを行ってきた。中ロは国連安保理の常任理事国として、公正で合理的な国際秩序を確立して、戦争や衝突を防止するために、引き続き努力していく」と記している。

尖閣諸島への中国の武力行使が国連憲章の「領土保全に違反する」ことを、中国政府や国際社会に訴えていくことは、十分抑止力となる。

第六章で詳細に見るが、二〇〇二年一一月四日、中国と東南アジア諸国連合（ＡＳＥＡ

N）は「南シナ海の行動宣言」に合意している。この中で、「現在（当事国に）占有されていない島や岩礁上への居住などの行為を控え、領有権争いを紛糾、拡大させる行動を自制する」ことに合意している。将来、日・中・ASEAN諸国との間での協力を安全保障に広げ、ここでASEAN・中国で合意している「領有権紛争は武力行使に訴えることなく、平和的手段で解決する」を日・中・ASEANに拡大できれば、日本外交の大成功となる。

二〇〇二年の中国・ASEAN間の「南シナ海の行動宣言」に戻れば、「現在（当事国に）占有されていない島や岩礁上への居住などの行為を控え、領有権争いを紛糾、拡大させる行動を自制する」との合意を持っている。この知恵もまた、学ぶべき点である。

†交渉・審査・仲介・調停…

ここで、紛争を平和的に解決する手段にはいかなるものがあるか見てみたい。

第二次大戦以降、国連がこの問題に最も取り組んできた。代表的なものに「国連憲章に従った諸国民の友好関係及び協力についての国際法の原則に関する宣言」（一九七〇年採択）がある。この中で、平和的な紛争解決手段については、「国家は交渉、審査、仲介、調停、仲裁裁判所、司法的解決、地域的協力機関又は地域的取り決めの利用その他当事者が選ぶ平和的手段による速やかかつ公平な解決を求める」としている。

この交渉、審査、仲介、調停、仲裁裁判所がいかなるものであるかを『国際法辞典』(鹿島出版会)で見てみる。

・**交渉**:紛争当事国が相互の話合いでそれぞれの主張を調整し、紛争を平和的に処理する一般的な解決方法とされる場合が多い。交渉における紛争の処理は当事国の全く私的な処理方法であって、なんらの客観的な制限をうけない。多くの国家は相互に常駐外交使節団の設置を認め、それを用いて外交交渉を行っている。時には特別の目的のため、臨時に使節を派遣し交渉することもある。

・**審査**(inquiry):一八九九年ハーグ平和会議で採択された条約により設けられた紛争の平和的処理方法の一つである。国際審査委員会によって紛争の対象になっている事実を客観的な立場から公平に審査し、それによって紛争の解決を図ろうとする制度である。

・**仲介**:第三者が紛争当事国のために、紛争の内容に立ち入って譲歩を促したり、外交交渉の進行を計って紛争解決達成のために参考となる解決案を作成する等の方法をとる。

・**調停**:非政治的かつ中立的な性格を持つ国際調停委員会が国際紛争のあらゆる観点から審査し、それを基礎として紛争当事国の主張の接近を計り、必要の場合には適当と認める紛争解決条件を当事国に勧告する。

・**仲裁裁判所**:一九〇七年の国際紛争平和的処理条約によれば「国家間ノ紛争ヲ其ノ選定

シタル裁判官ヲシテ法ノ尊重ヲ基礎トシ処理セシムルコト」を目的としている。特に注意すべきことは第一に仲裁裁判官の選定である。裁判を委託される機関は単独の個人または個人の合議体である。

これらの手段をみると、仲介、調停、仲裁裁判所は紛争当事国双方が合意する人の存在が必要である。係争中の場合、かかる人物についての合意はまず不可能である。かつ国境紛争は突発的な事件と異なり事態の正確な把握という必要性は薄く、審査（inquiry）も馴染みにくい。

†国際司法裁判所

こう見ると、一九七〇年採択の国連の宣言に述べられた手段「交渉、審査、仲介、調停、仲裁裁判所、司法的解決、地域的協力機関又は地域的取り決めの利用その他当事者が選ぶ平和的手段」の中で、**領土問題の解決に実際的なのは、交渉と国際司法裁判所である。**

国際司法裁判所は第二次大戦後、国際連盟時代の常設国際司法裁判所を継承した国際連合の主要な司法機関である。今日の国際社会における係争事件でも勧告事件でも、法の権威的認定のために利用される、世界的な常設裁判所である。

過去、日本の領土問題「北方領土」「竹島」も、国際司法裁判所への付託が言及されている。代表的なものに、サンフランシスコ条約会議でのダレス米国務長官の「北方領土」に関する演説がある。

「本条約第二条（c）に記載された千島列島という地理的名称が歯舞諸島を含むかどうかについて若干の質問がありました。歯舞を含まないというのが米国の考えであります。しかしながら、もしこの点について紛争があれば第二二条に基いて国際司法裁判所に付託することができます」

ソ連がサンフランシスコ平和条約に参加しなかったため実現はできなかったが、平和条約には、本来的に国際司法裁判所で解決することが予定されている。

「第六章　紛争の解決

第二十二条　この条約のいずれかの当事国が特別請求権裁判所への付託又は他の合意された方法で解決されない条約の解釈又は実施に関する紛争が生じたと認めるときは、紛争は、いずれかの紛争当事国の要請により、国際司法裁判所に決定のため付託しなければならない。日本国及びまだ国際司法裁判所規程の当事国でない連合国は、それぞれがこの条約を批准する時に、且つ、千九百四十六年十月十五日の国際連合安全保障理事会の決議に従って、この条に掲げる性質をもつすべての紛争に関して一般的に同裁判所の管轄権を特別の合意なしに受諾する一般的宣言書を同裁判所書記に寄託するものとする」

日本の領土問題の多くはサンフランシスコ平和条約と関係しているため、通常のケースより、国際司法裁判所で解決することが想定されている。

竹島に関してでも見てみよう。

外務省ホームページ「各国地域情勢」「大韓民国」「竹島問題」「国際司法裁判所への提訴の提案」の項で「1954年9月、口上書をもって竹島の領有権問題を国際司法裁判所に付託することを韓国側に提案しましたが、同年10月、韓国はこの提案を拒否しました。また、1962年3月の日韓外相会談の際にも、小坂善太郎外務大臣より崔徳新韓国外務部長官に対し、本件問題を国際司法裁判所に付託することを提案しましたが、韓国はこれを受け入れず、現在に至っています」と記している。

私は日本の領土問題の解決は積極的に国際司法裁判所を利用したらよいと思う。

第一に、日本の周辺はロシア、中国と軍事的に強力な国家である。法的な根拠以外で解決される場合には、ロシア、中国の武力が強い影響を与える。

第二に、領土問題には、ナショナリズムが強く働く。日本人は当然日本の論理が正しいと思い、中国人は当然自国の論理が正しいと思う。両者の見解はナショナリズムが高まるにつれ、ますます乖離が生ずる。国際司法裁判所への付託は国民に冷静さを求めるよい機会となる。ナショナリズムが煽られると、各々の国民は自己の正しさを実現するため、公権力の行使を求める。

国際司法裁判所においても、弁護人の質が裁判を左右する。従って純粋に客観的判断ができるか疑問視する声もある。しかし、これまでの国際司法裁判所の判例を調べる限り、客観性に疑問のあるケースはほとんどない。ナショナリズムに大きく左右される当事国の判断より合理性と客観性がある。

第三に、何よりも、国際司法裁判所に判断を委ねることにより、武力紛争を回避できる。

†国際司法裁判所の判決例

日本が、領土問題を国際司法裁判所で解決を図る決断をするには、そこでどの様な判決が出されているかを知る必要がある。最近の三つの紛争のケースを紹介したい。出典は波多野里望編『国際司法裁判所第三巻』(国際書院)である。判決が長文であり、内容は私が適宜要約したが、記述形式はケースごと、執筆者によって異なる。それに合わせ、ここでも記載方法が若干異なっている。

・リビア・チャド間領土紛争事件(判決一九九四年二月三日)

・事件概要：リビア・チャドが独立した後、両国間で領域紛争が発生した。リビアは、「既存の条約による国境は存在しない。従ってこの紛争は領域の帰属の争いである。土着の人々は宗教的、文化的、経済的、政治的にリビアの人々と一体であった」と主張した。これに対して、チャドは「リビアとの間にはすでに国境は存在している」と主張した。裁判所は一六対一で「一九五五年にフランスとリビアの間に締結されていた条約で国境線は画定されている」と判決した。

（注：この判決では条約の存在が判決の重要な要件となっている）

・カタール・バーレーン間海洋画定及び領土問題事件（判決二〇〇一年三月一六日）

・判決：本裁判所に付託された第一の問題はズバラの主権問題である。バーレーンは請求の根拠を「バーレーンは一七八三年から一九三七年まで、実効支配という国際的基準にてらしても、住民のバーレーン統治者に対する忠誠という地域的基準にてらしても、同地方に対して完全かつ国際的に承認された権原を有していた」と総括した。

他方、バーレーン首長と湾岸駐在英国弁務官の間で締結された一八六八年協定においてバーレーン首長は「ズバラに対する請求権を持たない」点を受諾した。

一九一三年に締結された英国・オスマン帝国条約ではズバラを含むカタール半島に対するバーレーンの主権を認めなかった。

前記より裁判所は「英国がズバラをバーレーンに属するとみなしてきた」というバーレーンの主張は受け入れられない。カタールがズバラに対して主権を有すると結論する。

（注：ここでも、過去の条約決定内容が何よりも重視されている）

・カメルーン・ナイジェリア領土問題をめぐる武力紛争についての仮保全措置（判決一九九六年三月一五日）

・事件概要：一九六〇年、ともに独立したカメルーン・ナイジェリア間の国境は基本的に植民地時代の国境に基づいていた。しかし同時に未確定地も残していた。一九九六年二月バカシ半島で領土問題を主たる理由として大規模な武力衝突が起こった。これに対してカメルーンは裁判所に対して仮保全措置（各当事国のそれぞれの権利を保全するためにとられるべき暫定措置）の要請を行った。国際司法裁判所によって、同年三月一五日、仮保全措置指示の命令が下された。

・事実：カメルーンは一九九四年三月二九日、国際司法裁判所に対し、「(a) バカシ半島の主権はカメルーンに帰属する、(b) ナイジェリアは植民地時代から承継された国境線を尊重するという基本原則に反している、(c) カメルーンに対する武力行使によって、ナイジェリアは国際条約及び慣習国際法に反している、(d) ナイジェリアは、カメルーン領のバカシ半島を軍事占領することによって、条約法及び慣習法に基づく義務に違反している、(e)これらの法的義務違反を考えると、ナイジェリアは、カメルーン領域への駐留を終了し、その軍隊をバカシ半島から撤退させる明白な義務を負っている」との申し立てを行った。

裁判所において審査中の一九九六年二月に再びバカシ半島において大規模な軍事衝突が発生した。同月二月一〇日付書簡にてカメルーン側代理人は事態の急迫性と重大性に鑑み、仮保全措置の指示を要請した。

・命令主文：裁判所は次の仮保全措置をとることを指示する。
①両当事国紛争を悪化させるような、如何なる行動とくに軍隊による行動がなされないように確保すること
②両当事国はバカシ半島に存在するいずれの軍隊も、一九九六年二月三日以前に占めていた地点よりも前進させないよう確保すること

†国際司法裁判所か、交渉か

国際司法裁判所における領土問題に関する係争案件を三つ見た。

今日、国際社会において領土問題の平和的解決手段は、大別して、当事国間の交渉か、国際司法裁判所に委ねられる。この中で、交渉の占める比重が圧倒的に高い。交渉か、国

際司法裁判所に委ねられるかには、根本的な異なりがある。

J・G・メリルス『新版国際紛争の平和的解決』（敬文堂）は次のように記載する。

「交渉は当事者に対し自己の紛争について最大限の支配権の保持することを許すプロセスである。これに対し、裁判は、少なくとも判決に関する限り、当事者の手から紛争を完全に取り上げてしまう」

各々の国は領土問題において、最大限の支配権を保持することを目指す。従って国際司法裁判所への提訴はほとんど行わない。では、「最大限の支配権の保持」を失ってまで国際司法裁判所に提訴する目的は何か。繰り返すが次にある。

第一に、領土問題の未解決はしばしば武力行使につながる。武力行使、戦争を防ぐことが、個別の領土問題よりもはるかに重要な意味があると認識される時がある。

第二に、領土問題を抱える二国間に軍事力の差が大きい場合、解決は圧倒的に力の強い国の意向で決まる。公平の基準の働く余地はほとんどない。弱小国にとっては、「最大限の支配権の保持」を失っても、実質的により公平、客観的結論を得られる可能性が高い。日本は近隣諸国を考えれば、まさに弱小国の立場で発想せざるをえない。

では、平和的解決手段としての交渉はどうか。

国際紛争は領土問題の対立が武力衝突に発展するか、解決に向かうかの分かれ道になる。実際の国際紛争の場では、「交渉」が圧倒的な比重を占め、極めて重要な役割を担う。しかし、交渉を行うことは常に平和へ向かうことを意味しない。

国際紛争になる時には、関係国双方に、和解を求める勢力と、紛争突入が望ましいと判断しているグループが存在する。後者は緊張を高めることにより、自分たち（国内タカ派、軍部）の存在意義を強めることによって勢力拡大を図る。一九六九年中ソ国境紛争当時の林彪がそうである。第二次大戦前、対中強硬路線を主張した日本軍部もそうである。

これに加え、紛争を別の目的に利用しようとする勢力もある。二〇一〇年尖閣諸島の緊張で、日米関係強化を図った政治家は、その範疇に入る。

従って紛争時、和解を求める勢力と紛争を求める勢力とどちらが主導権を握っているか見極めることが重要である。

第二次大戦前の日米交渉・米国の態度を見れば、日本に先制攻撃させることによって第二次大戦に介入できる状況を作りたいとする勢力が強かった。日米交渉の失敗が戦争への導火線となっている。イラク戦争時も、「大量破壊兵器などでイラクがすべてを開示していない」との理由で、米国は開戦に踏み切った。

交渉は対立の存在を全面に出す。これによって感情面が鼓舞され、武力紛争に結びつくことがしばしばある。特に紛争当事国間で軍事力に大きい差がある場合に、交渉の失敗が紛争突入のきっかけとなる場合が多い。

†領土問題の棚上げ方式の利点

領土問題を国際紛争にしない手段として、領土問題を棚上げにする方式がある。この方式は紛争を避けたり、より重要な問題点について合意する上でしばしば有効な機能を果たす。尖閣諸島では、周恩来、鄧小平などが棚上げを先導した。

国際的に見ると、棚上げ方式は積極的に評価されている。前掲書『新版国際紛争の平和的解決』を見てみたい。

・合意達成の重大障害と思われるものについて意見の相違を相互に認めながら、当事者が交渉を成功させている諸協定は決して珍しくない。〝権利留保〟条項（without prejudice clauses）は二国間交渉と同様、多国間交渉においても有効である。もっとも後者の場合には、微妙な問題を回避する必要性は遥かに高い。その格好の例が一九五九年の南極条約である。南極条約第四条は「この条約のいかなる規定も、次のことを意味するものと解してはならない」として「いずれかの締約国が、かつて主張したことがある南極地域における領土主権又は領土についての請求権を放棄すること」としている。

・これに匹敵する二国間の例は一九八九年の連合王国及びアルゼンチン間の非公式合意である。同合意の要点は、両国はフォークランド諸島問題について議論するけれども、主権問題を提起することはしないというものである。南極条約と同じく、この効果は、他の問題についての交渉を進展させるために、双方が主権問題に関するそれぞれの見解を留保するというものであった。

・かかる条項（注：権利留保条項）がなぜ交渉者に好評なのかは容易に理解されうる。また、それらの価値が両立し難い立場に架橋するというよりはそれを迂回するということも容易に理解されうる。第四条の独創的フォーミュラなくしては、一九五九年に南極問題が受け入れ可能な方法で取り扱われることはほとんどありえなかったと思われる。同様に、あの状況での〝権利留保〟条項の重要性を評価するためには、フォークランド諸島問題を論議する以前の試みは一九八四年にアルゼンチンが主権問題を取り上げることを主張した時に頓挫したことを想起するだけで十分である。

第二次大戦後、領土問題の棚上げで最も注目に値するのは、ドイツの対応である。すでに見てきたように、ドイツは敗戦で莫大な領土を失った。新たな領土を獲得した国として、ソ連が深く関与している。

一九五五年九月一三日、西ドイツとソ連は外交関係の樹立に合意した。この国交回復の交渉の中、西ドイツは領土問題を特に議題にしなかったと言われている。しかし、アデナウアー首相は翌日の記者会見で次の点を述べた。

「外交関係の樹立にあたり、私は次のことを声明したい。

第一に外交関係の樹立は、現在の領土状態のいずれの側による承認も意味するものでない。

ドイツ国境の決定は平和条約の完成まで停止されなければならない」（重光晶『「北方領土」とソ連外交』時事通信社）

アデナウアー首相が「国境の決定は平和条約の完成まで停止」としたのは、奪われたドイツを取り戻すために、「平和交渉をしよう」というのではない。いつの日かまったく想定し得ない国際情勢の展開でドイツ領が戻るという日がくるかもしれない。その日まで領土問題を棚上げしておくということである。

ここが日独の違いである。**ドイツは国土の返還を目指し、平和条約交渉を行おうとはしていない。棚上げし、ドイツ・ソ連（ロシア）関係を発展することを重視した。他方、日本は領土を取り戻さなければならないとして、平和条約交渉を日ソ間の主要外交課題としてきた。その分、日本とソ連（ロシア）の関係が抑制された。**

アデナウアーの領土問題に対する対応はアデナウアー方式と呼ばれた。アデナウアーは一九五五年の時点で協議してもドイツに有利に展開することはないと判断し、領土問題は後世に委ね、国交回復という実を優先したのである。

実は日本の領土問題の扱いでも、ソ連、中国、韓国の国交回復の時には、実質的に領土問題の棚上げで処理をしてきている。ただ、その解決の仕方は、当時の国民世論を考えると容易に理解されない。解決の仕方は機微であるとして、外務省のほんの一握りの人だけが理解する体制をもった。

†説明不足の日本政府

時を経て今や外務省内でもこの考えは十分に理解されていない。「棚上げ」の英知を国民に説明する人がいない。

第一にソ連との関係。一九五六年の日ソ共同宣言では、「歯舞群島及び色丹島を日本国に引き渡す」ことに同意した。ただし、これらの諸島は、「日本国とソヴィエト社会主義共和国連邦との間の平和条約が締結された後に現実に引き渡されるものとする」とされている。まだ国後・択捉問題が残っている。この時日本側は「領土問題以外はすべて解決されている。平和条約締結に残っている問題は領土問題だけである。従って平和条約と記載したことは領土問題を話し合うことである」と解釈している。

日本は領土問題を棚上げにして国交回復を行ったのである。

第二に中国との関係。一九七二年の中国との日中共同声明で領土問題は棚上げにした。

第三に韓国との関係。日本と韓国は国交回復交渉が行われるが、ここで大きい問題は請求権と李承晩ラインの扱いである。

一九五二年一月、李承晩韓国大統領は「海洋主権宣言」を行い、国際法に反して、いわゆる「李承晩ライン」を一方的に設定、そのライン内に竹島を取り込んだ。一九五三年七月には海上保安庁の巡視船が、韓国漁民を援護していた韓国官憲から銃撃を受ける事件も発生している。

一九五四年六月、韓国内務部は、韓国沿岸警備隊が駐留部隊を竹島に派遣した旨の発表を行う。これ以降、韓国は、引き続き警備隊員を常駐させるとともに、宿舎や監視所、灯台、接岸施設等を構築した。

外務省はホームページ「竹島問題の概要」では、日韓国交回復交渉で、どう扱われていたかの記載はない。また日韓交渉の記録は日本では未だ不開示である。断片的な情報だが、整理してみる。

国交回復時、一九六五年六月、日本韓国間で日韓紛争解決交換公文が交わされている。ここには次の記載がある。

「両国政府は、両国間の紛争は、まず、外交上の経路を通じて解決するものとし、これにより解決することができなかった場合は、両国政府が合意する手続に従い、調停によって解決を図るものとする」

一見、この表現は竹島とは無関係に見える。ただし外務省編『わが国の外交の近況（外交青書）』は「特に竹島を含まないという特別の合意がなされていない以上、竹島を含むことは明瞭である」と述べている。苦しい説明であるが、要は日本側が竹島を棚上げにして、日本と韓国の正常化を図ったと言って良い。もちろん、韓国側は議論の余地ないという立場である。ここでも竹島の問題を議論し交渉を壊すよりは、正常化の実をとろうという発想がある。

ソ連、中国、韓国の国交回復の時、日本は実質的に領土問題の棚上げで処理をしてきた。私は、それは正しい判断であったと思う。領土問題が障害となりソ連、中国、韓国の国交回復ができないより、領土問題を棚上げにして国交回復した方がはるかによい。**問題は、日本政府がその事実を丁寧に国民に説明していないことである。**

あるいは、領土問題に関する懸案を個別毎に分け、領土問題を紛争につなげないようにするという試みもある。『新版国際紛争の平和的解決』を見る。

「もう一つのアプローチは、紛争の核心となる争点を双方の側が満足しうるような方法で分割しうるかどうかを考慮することである。この種の方法は一九七八年、トーレス海峡におけるオーストラリアとパプア・ニューギニア間の海域確定問題に関して考案された。紛争の様々な要素を識別することによって、当事者は、海峡における島嶼の住民の利益、島嶼の地位、海底管轄権、漁業管轄権、保存権および航空権を個別的に処理する合意を達成することに成功した」

尖閣諸島の処理においてもこの考えが入っている。日本と中国は日中漁業協定を有している。東シナ海における日中石油ガス共同開発の合意ができれば、同じ流れの中に位置づけられる。

第六章 感情論を超えた国家戦略とは――よりよい選択のために

†国家戦略に、領土問題をどう位置付けるか

なのか。

日本は、北方領土、尖閣諸島、竹島という領土問題を持っている。領土は、常に関係国の感情を煽る。すぐに武力紛争につながる。この中我が国はどのように対応していくべきなのか。

私は『日本人のための戦略的思考入門』（祥伝社）で、ノーベル経済学賞受賞者でメリーランド大学教授のトーマス・シェリング『紛争の戦略――ゲーム理論のエッセンス』（勁草書房）から次の記述を引用した。

「〝勝利〟という概念は、敵対する者との関係ではなく、自分自身がもつ価値体系との関係で意味を持つ。このような〝勝利〟は、交渉や相互譲歩、さらにはお互いに不利益となる行動を回避することによって実現できる。相互に被害を被る戦争を回避する可能性、被害の程度を最小化する形で戦争を遂行する可能性、そして戦争するのでなく、戦争をするという脅しによって相手の行動をコントロールする可能性、こうしたものがわずかでも存在するならば、紛争の要素とともに相互譲歩の可能性が重要で劇的な役割を演じることになる」

この考え方は国際関係を考える上で、極めて斬新である。通常国家は国際関係で「目

標」を設定する。そして相手国からどれだけ多く獲得するかを勝利としている。しかし、シェリング教授は「相手から奪いとるだけが勝利ではない。多くの国家目標の中で何が一番大事かを見極める、これこそ国家戦略の一番重要なポイントだ」と説いている。

シェリング教授の言葉を念頭におきつつ、国家にとり領土問題とは何かを考えてみたい。国家目標のうち、「国民が平和で繁栄する環境を整えること」が最も重要な目標である。その中、領土問題は、どのような意味を持つか。

「当然ではないか。領土を確保することは国家目的の最も重要な課題である」という考え方がある。しかし、歴史を検証すると、「領土を確保することは国家目的の最も重要な課題である」ということは、それほど自明ではない。「国民が平和で繁栄する環境を整えること」と相反する時がある。

本書第一章では、一九六九年の中ソ国境紛争を見た。中ソ双方が珍宝島をめぐり軍事衝突を行い、何十万という中ソ双方の軍が臨戦態勢に入った。核戦争の危険すらあった。「ソ連の核ミサイル部隊が警戒態勢に入った」と報じられ、中国はすぐに反応、北京放送が「核戦争も辞さず」と報じた。だが今日、中国人でもロシア人でも「珍宝島が中ソ間の戦争を行ってまで守らなければならない価値がある」と述べる人はいないであろう。

同じく第一章では、イラン・イラク間でシャトルアラブ川の国境線が川の中央か、川岸にあるべきかをめぐり戦争をし、イラン側死者約三〇万人、イラク側一六万から二四万人の犠牲者を出したのを見た。ここでもまた、今日のイラン人やイラク人で、シャトルアラブ川の国境問題で自国の正義を貫くため、これだけの規模の犠牲を払ってよいと断ずる人はいないであろう。

事件当時、「いかなる犠牲を払っても領土を守るため戦うべきだ」という考えが強くても、第三者的立場になり、あるいは事件から遠ざかるにつれ、熱狂はさめる。

珍宝島やシャトルアラブ川を巡る紛争には、「戦争」という代償があった。従って現在、領土問題で自説を貫くことと、それにより失うものの比較が冷静に行いうる。

「自説を貫くこと」の代償は、戦争突入だけに限らない。領土問題がなければ正常な関係が築ける。しかし、領土問題で二国間関係が対立するがゆえに、正常な関係が発展できないケースがしばしばある。

日本で言えばロシア関係がこれに当てはまる。二〇〇九年、ロシアの主要貿易相手国は、上からドイツ、オランダ、中国、イタリア、ベラルーシ、ウクライナ、トルコ、米国、フランス、ポーランド、そして一一番目にやっと日本である（出典：外務省ホームページ）。

もし領土問題がなく日本とロシア（旧ソ連）関係が正常であったら、日・ロ経済関係は違った発展を遂げてきたであろう。

ドイツはロシアとの間ではとてつもなく大きい領土問題を抱えているが、アデナウアー首相の時から領土問題を棚上げにし、領土問題が両国間関係を阻害することはさせなかった。そして今日、貿易関係ではロシアと第一の相手国となっている。ドイツは第一の貿易相手国、日本は第一一番目の相手国。領土問題の扱い方がこの差を作り出している。どちらが国益に資したか。

†領土保持より国交回復優先

第二次大戦以降、日本は領土問題を扱う際に、「領土問題で自己の見解を最後まで貫くよりは、別の選択をすべきだ」という状況に、幾度か直面してきている。

まずは第二次大戦の終戦時である。

一九四五年七月二六日ポツダム宣言をつきつけられた。「日本国ノ主権ハ本州、北海道、九州及四国竝ニ吾等ノ決定スル諸小島ニ局限セラルベシ」と規定されている。ポツダム宣言を受諾しなければ、更なる攻撃がある。広島・長崎に続き、第三、第四の原爆投下もありうる。日本は八月一四日これを受諾した。

領土問題が容認し難い条件であるとの声はほとんどなかった。同年八月一四日「米英支蘇四国に対し共同宣言ヲ受諾スル旨通告セシメタリ」との詔勅が発出された。同年九月二日、重光外務大臣と梅津参謀総長は東京湾上の米艦ミズーリ号で降伏文書に署名し「ポツダム宣言ノ条項ヲ誠実ニ履行スル」と約束した。

次いで、領土保全より他の選択をしたのは、一九五一年のサンフランシスコ平和条約である。ここで日本は「済州島、巨文島及び鬱陵島、台湾及び澎湖諸島、千島列島、樺太に対するすべての権利、権原及び請求権を放棄」した。

吉田首相はこのサンフランシスコ平和条約を「日本に完全な主権と平等と自由とを回復し、日本を自由且つ平等の一員として国際社会へ迎えるもの」として「日本全権はこの公平寛大なる平和条約を欣然受諾致します」(吉田茂総理大臣の受諾演説)と述べ受諾した。ここでも領土問題で日本の立場を主張し続けるよりも、「戦争状態を終結し主権を回復する」ことを選択した。

一九五六年、日本はソ連との間で共同宣言を発出した。ここでは「歯舞群島及び色丹島を日本国に引き渡すことに同意する。ただし、これらの諸島は、日本国とソヴィエト社会主義共和国連邦との間の平和条約が締結された後に現実に引き渡されるものとする」とされた。日本側は領土問題の継続審議を主張したが、文面には盛り込めなかった。

ここでも日本は領土問題を最後まで主張するより妥協を図り、ソ連との国交を回復し、抑留者のすべての帰国を実現させ、国連への参加の道(それまでソ連の拒否権により実現せず）を選択した。ソ連側も世界第三の経済大国（ソ連の認識では米国、ソ連の次）との国交樹立に利益を見いだし、歯舞群島及び色丹島の返還に同意した。

さらに、日韓交渉がある。一九六五年六月に基本条約などが締結されている。

この時期、日韓の間には竹島を含む李承晩ラインの位置付けが問題としてあった。日本は基本的に棚上げを選択する。具体的には日韓の交換公文で「両国間の紛争は、まず、外交上の経路を通じて解決するものとし、これにより解決することができなかった場合は、両国政府が合意する手続に従い、調停によって解決を図るものとする」とし、日本側は、「特に竹島を含まないという特別の合意がなされていない以上、竹島を含むことは明瞭である」という苦しい説明を外交青書で行っている。ここでも竹島問題を棚上げにして日韓関係の正常化を図ることを選択している。

そして、一九七二年の日中共同声明である。この時、尖閣諸島の領土問題に対しては、周恩来首相は「今話したくない」として、「小異を残して大同につく」ことを主張し、田中首相もこれに同意した。日中双方とも領土問題で決着を付けるよりも、国交正常化に利益を見出した。

いずれの場合でも、領土問題で自国の立場を主張し、その他の問題に悪影響を与えてもいいという判断はとっていない。**日ソ、日中、日韓いずれも国交回復を最優先させている。**

†共通の利益

過去のケースは「戦争時の判断であり、国交回復時という異常事態での判断である。この時は領土問題の重要性は下げざるをえなかった。平時には領土の価値は異なる」という反論があるかもしれない。

領土問題はそれが容易に武力紛争に結びつく特性を持つ。前掲書『紛争の戦略』を今一度見てみたい。

「紛争をごく自然なものととらえ、紛争当事者が〝勝利を追求しあうことをイメージするからと言って、戦略の理論は当事者の利益が常に対立しているとみなすわけではない。紛争当事者の利益には共通性も存在するからである。実際、この分野（戦略）の学問的豊かさは、対立と相互依存が国際関係において併存しているという事実から生み出される。当事者双方の利益が完全に対立し合う純粋な紛争など滅多にあるものでない。戦争でさえ、完全な根絶を目的とする以外、純粋な紛争はない」

日本と北朝鮮の関係を見てみよう。

日本と北朝鮮に外交関係はない。従って極めて冷たい関係にある。しかし、今、最悪の関係ではない。北朝鮮は二〇〇—三〇〇発のノドンを有している。技術的には、日本へも発射可能である。北朝鮮側には明確に「発射しない」という政治的意志がある。最悪の関係には行っていない。いかに関係が悪く、外交関係が存在しなくとも、双方には「最悪の関係に行かない」という共通の利益がある。この共通の利益の存在が重要である。それは領土問題を考える時にも当てはまる。

中国を見てみよう。

中国は日本を核攻撃する能力がある。その際には、日本という国家を完全に破壊できる。核兵器の使用は国際的にとても許されないという状況がある。しかし、中国は核兵器でなくとも、通常兵器で攻撃できる。中国は二〇一〇年の段階で「八〇の中・短距離弾道弾、三五〇のクルーズ・ミサイルで在日米軍基地を破壊できる」状況にある。つまり、この兵器で日本全土を攻撃できる。では中国は攻撃するか。しない。ここでも明確に「発射しない」という政治的意志がある。

中国は攻撃しない状況に利益を見いだしている。日中関係は敵対関係の極限にいっていない。

領土問題を考える時に、ロシアであれ、中国であれ、韓国であれ、これらとの関係で一番望ましい関係と、最悪の関係との間の幅を考え、そこに領土問題がどう左右するかを考える必要がある。

†領土問題の比重を下げる

私は日本の領土問題を論ずる時の出発点は一九四五年七月二六日ポツダム宣言であると思っている。ここで「日本国ノ主権ハ本州、北海道、九州及四国竝ニ吾等ノ決定スル諸小島ニ局限セラルベシ」とされた領土問題を、どう整理するかである。

日本と同じく敗戦国となったドイツは日本よりはるかに厳しい運命に遭遇した。領土問題で言えば独はポーランドに土地を割譲した。日本で言えば九州、四国、中国を合わせたより大きい地域である。この地はドイツ帝国の中核、旧プロイセン王国のほとんどである。またフランスがドイツから得たアルザス・ロレーヌ地方は九州の七割くらいの土地である。

第二次大戦後独の初代首相で一九四九年から一九六三年までその任にあったアデナウアーは前掲書『アデナウアー回顧録』で次のように記載している。長い引用であるが、我が国の進むべき方向について、実に重要な示唆をしている。

「私はドイツの西の諸国家が（将来のドイツの脅威について）心配を抱いていることを知っていた。過去一〇〇年間の経験がこれら諸国に与える懸念を私は完全に理解し承認した。一九四五年のヨーロッパ政治勢力分布状況（注：ドイツは国家として存在しない状況であった）を指摘してこれら諸国を宥めようとしても無駄だと私は考えた」

「私が取り組んだのはドイツをも加えた欧州合衆国という問題だった。将来の欧州合衆国の中にこそドイツの西の諸隣国が望む最善かつ最も永続性のある安全保障があるというのが私の考えだった。フランス、オランダ、これを見抜いたのがドゴール将軍であり、彼は一九四五年八月のザールブリュッケン演説でこう述べた。〝フランスとドイツは過去に終止符を打ち、協力し、自分たちがヨーロッパ人であることを記憶する必要がある〟」

「欧州諸国民の協同体が再現され、各国民が欧州の経済、文化、思想、制度に対して各自の、余人をもっては代え難いような公権を果たす場合にのみ、統一ヨーロッパの誕生であることは私には明らかであった」

「シューマンの提案の核心は仏独両国の一切の石炭、粗鋼、鋼鉄生産を他のヨーロッパ諸国にも開放させる一つの機構の管理下におくというものだった」

「シューマンは仏独間の古くからの対立を克服するため、連帯行動の前提として具体的事実の創設を呼びかけていた。この方向での第一歩は石炭鉄鋼連合条約の調印をもって踏み出されたのである。第一に不信、競争心、エゴイズムから両国民がその都度武器を手にして争った過去に毅然として厳粛に終止符を打ったのだった」

「この石炭鉄鋼連合が口火となり（一部省略）、他の分野でも類似の過程が進むであろう。そうなれば欧州のガンともいうべきナショナリズムが壊滅的打撃をうけるであろう」

独仏の協力関係を促進させることによって、独仏関係における領土問題の比重を下げたのである。

†リアリズムと相互依存

これを国際政治の理論面から見るとどうなるか。

ジョセフ・ナイは『国際紛争』（有斐閣）で興味深い対比を行っている。検討対象は「リアリズムと複合的相互依存関係」である。ナイ教授はリアリズムの特徴を、①国家が主体であること、②軍事力が優越的な手段であること、③安全保障が主要な目標である、とした。この特徴のすべては逆にすることが可能であり、それを「集団的相互依存関係」とした。そして、リアリズムと集団的相互依存関係の興味ある図（左頁）を示した。

米国・カナダ関係やフランス・ドイツ関係は「複合的相互依存関係」として、今や戦争は考えられない。しかし、時間軸を広げると常にそうだったわけではない。今日の状況は、意識的な努力によって構築されたものだ。

リアリズムから集団的相互依存に至る分布の図解（一部筆者が追加）

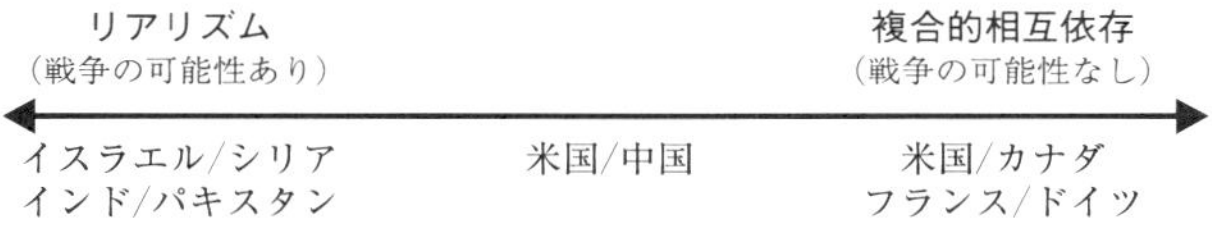

（これに「時間軸」を加えて、筆者が作図）

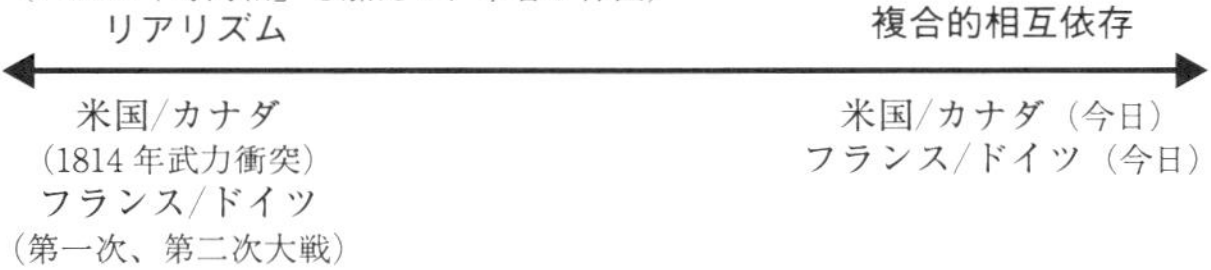

特にフランス・ドイツ関係がそうである。ドイツとフランスは、ヨーロッパ石炭鉄鋼共同体条約（一九五一年）を契機に「憎しみあい」から「協力による実利」に移行した。実業家ジャン・モネや政治家ロベール・シューマンの構想力と実行力がなければ実現していない。「憎しみ合い」よりも「協力による実利」に国民を誘導する努力を行っていなければ、今日でもドイツとフランスは憎しみ合う関係が継続していた可能性がある。

EUの誕生を学ぶと、ジャン・モネやロベール・シューマンの役割が常に高く評価されている。しかし、第二次大戦の後、戦後の勢力バランスで失ったものはドイツが大きかったことを考えれば、怨念を持つ理由はドイツの方にある。終戦当時のドイツとフランスの憎しみ合いは日中関係の比でない。だからこそ、「将来の欧州合衆国の中にこそドイツの西の諸隣国が望む最善かつ最も永続性のある安全保障があるというのが私の考えだった」という判断を下したアデナウアーの功績は大きい。

ドイツ・フランスは、憎しみ合いを超越した。

†東アジア共同体は難しいか

近現代史では第二次大戦後の独仏関係に学ぶところが多い。日中関係も憎しみ合いを越え、「複合的相互依存関係」を樹立したフランス・ドイツ間の歴史を学ぶべきである。私は「東アジア共同体構想」も同じ流れの中にあると思う。

東アジア共同体構想が重要なのは、単に経済効率を高めるためだけのものではない。本来極めて政治的なものである。日中両国の国民が、歴史を越え、領土という紛争の種を越え、経済という分野での協力を土台に、日中間で「集団的相互依存関係」を構築できる可能性を内蔵している。

ドイツとフランスがヨーロッパ石炭鉄鋼共同体を作ったのと同じように、領土の争いを越える関係を築くことはできる。

ところがここにきて、流れが難しくなった。米中が経済力・軍事力で次第に拮抗しようとする中、「日米関係を重視するか、日中関係を重視するか」の選択が問われ、「日米関係を重視するなら、東アジア共同体構想の推進には慎重であるべし」という見解が勢いづいている。前掲のアーミテージ、ナイ、春原の共著『日米同盟vs.中国・北朝鮮』は、東アジア共同体に警戒心を露にした代表的なものである。

ここでアーミテージは「我々は長い間、外交対話を通じて〝米国は太平洋国家であり、太平洋は我々を分断するのではなく、つないでいる〟ということを主張してきました。にもかかわらず、鳩山氏は中国の胡錦濤と並び立ってどうやら〝米国を含まない共同体〟について語っていたようでした」「彼が胡錦濤主席と共に〝東アジア共同体〟について話した時、我々はとてもネガティブでした」と述べ、ナイは「もし、米国が〝外されている〟と感じたならば、恐らく報復に打って出ると思います」と語っている。「ソフト・パワー」を説くナイが「報復に打って出る」と言うのだから相当なものだ。

こうして日本は、米国につくか、中国につくかのいずれかの選択を求められる。日本の多くの識者は「東アジア共同体は難しい」という指摘に与している。代表的な見解に渡辺利夫『新脱亜論』(文藝春秋)の「東アジア共同体は可能か」がある。彼の論点を五つにまとめて紹介する。

第一に、東アジアの経済発展段階の相違に由来する。

第二に、一方に民主主義国家があり、他方に一党独裁国家がある。

第三に、安全保障の枠組みにおいても東アジアは区々である。

第四に、ASEAN＋3において最大の経済規模を持つ政治関係が緊張を孕んでいる。

第五に、東アジア共同体の主役が中国であることに関係する。

ナイは『日米同盟vs.中国・北朝鮮』の中で「東アジア共同体構想は中国が統制下におく〝共栄圏になる〟」と警告している。

東アジア共同体と対比をなす欧州共同体を見てみよう。アデナウアーは欧州合衆国の将来を「欧州諸国民の協同体が再現され、各国民が欧州の経済、文化、思想、制度に対して各自の、余人をもっては代え難いような公権を果たす場合にのみ、統一ヨーロッパの誕生であることは私には明らかであった」と述べている。

欧州においてドイツ経済は圧倒的に強い。しかしドイツが欧州共同体を「統制下におく」わけではない。欧州の小国の方がむしろ欧州共同体の存続を歓迎している。集団的統治の形態では、独占より、分担の方がはるかに効率よく、かつ最強国の利益にもつながる。しかし、東アジア共同体に対して米国が強い懸念を持っていることは事実である。ただ、米国にも様々な見解が存在する。

チャールズ・カプチャン（クリントン時代国家安全保障会議欧州部長、ジョージタウン大学教授）とジョン・アイケンベリー（プリンストン大学教授）は、それぞれ米国権力機構の中で重要な位置を占めている。この両名が二〇一〇年一月二一日付ニューヨーク・タイムズ紙で「新しい日本、新しいアジア」と題する新たな視点を展開した。

・オバマ政権は鳩山首相の新しいアプローチを拒絶するよりは歓迎すべきである。

・日本は多くの点で、欧州がとってきた道を歩み始めている。冷戦の終焉とともに欧州は地域統合のペースを上げ、ワシントンからの独立志向した。

・米国は結果としてより独立した欧州の利点を享受した。

・日本が中国との関係を深めることによって、日中の二か国が仏独間の良好な関係の回復と同じことを繰り返せるかも知れない。

・米国に屈服する日本より、自己主張をし、独立した日本の方が東アジアにより貢献することとなる。

鳩山首相時代、カプチャンやアイケンベリーのような見解を持つ米国の知識人たちと手を組む機会はあった。逆に旧来の米国内の日本関係者は危機感を持ち、鳩山政権の崩壊を目指して動くこととなった。

†象徴としての領土問題

アデナウアーの最も重要な点は、戦後の欧州は不安定である、このまま放置すれば不信、競争心、エゴイズムから両国民がその都度武器を手にして争うことを繰り返す、だからガンともいうべきナショナリズムをどう排除するかを考えたのである。

アデナウアーの発言を見れば分かるが、アデナウアーは長期的には今日のEUを考えている。しかし一気にEU構想を打ち出したのではない。まずは可能な石炭鉄鋼分野の協力から始まった。そして人々が協力の利益を理解するにつれ、協力が他の分野に拡大した。東アジア共同体が成功する際には、EUの歩みと同じように、**個別のプロジェクトから次第に協力を拡大していくのが望ましい**。

領土問題は、領土問題単独では動かない。関係国との全体的関係が反映している。北方領土で言えば、当時日本側で交渉に当たった者は、「ソ連は一旦手に入れた領土を手放すことはありえない」と判断していた。ソ連側が「歯舞、色丹を日本に返す」と表明した時には驚いた。この事情をフルシチョフは、「日本が世界で重要な地位を占めているからである。その生産高は世界の第三位（注：ソ連は当時自国を米国に次いで経済的に発展しているとした）である。私は日本に対する羨望の念を隠さずに話している」と述べている。明らかに日本との経済交流を行う利点が、領土問題での譲歩につながっている。他方二〇一〇年一一月メドベージェフ大統領は北方領土を視察し日本側が反発したが、この時、日本はロシアの貿易相手国として一一番目である。これではロシアは強硬路線で日ロ関係を悪化しても被害は少ない。

領土問題は、領土単独の問題ではない。国家関係全体の関係の象徴的存在として領土問題が現れる。

尖閣諸島問題も尖閣諸島という島の問題を越えて、日本と中国とどう付き合っていくかという延長線上にある。今、日本国民は中国の扱いに戸惑っている。

†中国の経済力

明治以降、二〇一〇年まで一貫して、日本は中国に対し優位に立っていた。最初は日清戦争（一八九四年から一八九五年）である。一八九五年四月の日清講和条約（下関条約）が調印され清から日本への領土割譲（遼東半島・台湾・澎湖列島）と賠償金支払い二億両（約三・一億円）を得た。それ以来、第二次大戦終了まで日本が中国に対して軍事攻勢をかけた。

第二次大戦以降、日本は経済で中国より優位に立った。日本が行った経済協力が象徴的である。対中国経済協力は二〇〇七年度末までに、円借款約三兆三一六五億円、無償資金協力約一五一〇億円、技術協力約一六三八億円にのぼっている。

日本人の対中国感は福沢諭吉の脱亜論（一八八五年）が最も端的に表現している。

「我輩を以てこの二国（中国・朝鮮）を視れば、今の文明東漸の風潮に際し、とてもその独立を維持するの道あるべからず」「今日の謀を為すに、我国は隣国の開明を待て、共に亜細亜を興すの猶予あるべからず、むしろ、その伍を脱して西洋の文明国と進退を共にし、その支那、朝鮮に接するの法も、隣国なるが故にとて特別の会釈に及ばず、まさに西洋人がこれに接するの風に従て処分すべきのみ」「我れは心に於て亜細亜東方の悪友を謝絶するものなり」

脱亜論の根拠は「この二国とてもその独立を維持するの道あるべからず」にある。中国が日本の上にいくとなれば、福沢諭吉の脱亜論はまったく成立しない。

脱亜論の主たる理由が中国、朝鮮の弱体化であれば、今その状況は逆転している。

二〇一〇年中国はGDPで日本を上回った（二〇一一年一月二〇日、中国国家統計局発表）。重要なのは上回っただけではない。中国は一〇年、二〇年先の単位でみれば、経済力で日本の数倍となる。二〇一〇年五月、日本の内閣府は「世界経済の潮流」を発表し、この中で二〇三〇年には世界のGDPシェアを中国二三・九%、米国一七・〇%、日本五・八％と予測した。

もちろん、こうした見通しに対して悲観論を述べる中国専門家が多く存在する。
①経済成長はいつまでも右肩上がりで進まない。
②地域格差が激しく内政が混乱する。
③人口構成で、中国社会は急速に老人社会に突入し、成長が止まる。
④環境悪化、水不足など様々なボトルネックが出て、成長を阻害する。
これらの指摘は、皆事実である。それでも中国が米国並みになるのは容易なことである。極めて簡単な理由は、その人口にある。中国の人口は二〇〇八年の時点で一三億三〇〇〇万人、米国が三億人、日本が一億三〇〇〇万人である。

つまり、中国の一人当たりGDPが米国の四分の一以上であればよい。

CIAの年次刊行物「CIA FACTBOOK」を見ると、一人当たりGDPが米国の四分の一（購買力平価ベース）以上の国は九七か国あり、下からトルコ、ルーマニア、カザフスタン、ブルガリア、レバノン、メキシコ、チリ、ロシア、ポーランドなどである。中国が将来このレベルに到達することは極めて容易だろう。日本が経済力で中国の上へ行くことは、もうない。

†中国の軍事技術

　では軍事力ではどうか。

　日本に中国の軍事力に対抗する道はあるのか。

　まず国防費では経済規模が日本より大きい中国は国防に重点的に投資する国であるから、日中軍事費バランスは経済の一対四ではなく、一対一〇以上の格差が出る。

　さらに軍事技術の質であるが、現時点でもかなりの分野で中国は日本の上にある。代表的なのは、中国のステルス戦闘機「殲-20」の出現である。米国の情報機関は、中国は二〇二〇年まで「殲-20」を装備できないと見積もっていた。二〇一一年一月八日付「サーチナ」は「米国海軍情報部のドーセット部長はその開発スピードは予想以上だったことを明らかにした」と報じた。また一月七日付FOX　NEWSは「中国の新戦闘機は米国に深刻な挑戦（China's New Fighter Jet Could Pose 'Terrifying' Challenge to U. S. Fleet）」との標題の下、「現在米国防省はこの脅威を低く見積もっているが、軍事専門家は米国のステルス機F22を上回る性能も持っている」と警告している。一月七日付NHKニュースは、「米国軍は、ステルス性の高い最新の次世代戦闘機を米国本土とハワイにだけ常駐させており、専門家は、中国が開発に成功すれば、北東アジアの軍事バランスが崩れる可能性もあると指摘しています」と報じている。日本の主力戦闘機F15は第四世代戦闘機と位置付けられるが、F22や中国の「殲-20」は第五世代戦闘機である。

カナダの民間軍事シンクタンク代表で中国系カナダ人の平可夫氏は、中国軍が米のF16に匹敵する戦闘機を約四〇〇〇機保有していると指摘し、「すでに空軍力で自衛隊を上回り、米国を猛追している。太平洋地域で米軍が空軍力の優位を失うのも時間の問題」と話した(二〇一一年一月五日付、朝日新聞)。

中国経済の発展は、外資が中国市場に参入したことにある。今日、ほぼ最高水準の技術が中国に入っている。同様に各国軍需産業は当然巨大な市場である中国への参入を図る。二〇一一年一月一七日ニューヨーク・タイムズ紙は「GEは中国国営会社との合弁で最も進歩した技術を分かち合う」と報じている。EUも二〇一一年中国への武器輸出を検討している。一二月三〇日付仏紙フィガロは「EUのアシュトン外務・安全保障政策上級代表(外相)は一七日のEU首脳会議に提出した外交方針文書で、武器禁輸について〝外交・安保でEUと中国の協力を強化する上で主要な障害になっている〟と指摘し、解除の検討を提案していた。これをうけ、EUが来年前半、中国に対する武器禁輸措置を解除する可能性がある」と報じた(二〇一〇年一二月三〇日付、毎日新聞)。

さらにロシアも動いている。二〇一一年一月九日付ノーボスチは「ロシア会社 Augur-

RosAeroSystems社が中国に空中に設置する早期警戒システムを建設する契約を結んだ。このロシアの会社は仏企業Voliris と米国企業General Aeronautics Corporation とパートナーである」と報じた。

今後中国と西側、ロシア企業との連携は深まっていく。将来、中国の軍備はほぼ世界最高水準の装備で備えられると想定して良い。中国の軍事力が量、質いずれの分野でも日本を凌駕する。日本には軍事力で中国に対峙するという選択肢はない。

では、米国がどこまで頼りになるか。

まず、空軍は大変な脆弱性を持ってきた。すでに何回か見たように、二〇一〇年一一月四日付ワシントン・タイムズは「中国のミサイルは米軍基地を破壊できる(Chinese missiles can ravage U. S. bases)」の標題で「八〇の中・短距離弾道弾、三五〇のクルーズ・ミサイルで在日米軍基地を破壊できる」と報じた。在日米空軍基地の滑走路が破壊されれば、いかに性能の優れた戦闘機を大量に有していても一気に無力化する。

では海軍はどうであろうか。二〇一〇年二月六日付朝鮮日報日本語版は「太平洋で激化する潜水艦競争」の標題の下、次の報道を行った。

「英紙フィナンシャル・タイムズは、中国海軍は兵力二五万五〇〇〇人、駆逐艦二六隻、フリゲート艦四九隻、揚陸艦 五八隻を保有し、規模の面では既に世界的水準にあると評価した。特に、一九九五年からは潜水艦の建造に集中し、二〇〇五年までの一〇年間に三一隻を新たに建造した。現在は原子力潜水艦六隻やディーゼル潜水艦五〇隻など、計六〇隻を保有している。

太平洋方面の攻撃型潜水艦の現況

	米	中	露	豪	韓	日	印	インドネシア	シンガポール
2009	30	60	14	6	12	16	17	2	4
2025	27	78	14	12	26	16	24	12	4

」

攻撃型潜水艦の量では、圧倒的に中国が上となる。質は次第に拮抗してこよう。また空母に関して、一〇一〇年一二月二七日付ワシントン・タイムズは「東風－21D対艦弾道ミサイルが米国空母を攻撃できる初期段階に達した」とのウィラード司令官の発言を報じている。

数年前まで、米国の海軍、空軍は中国の脅威を考慮に入れることなく、極東で軍事力を展開できた。しかし、中国軍の近代化のテンポに従い、米軍は今や中国軍の反撃を考慮することなく、軍事展開をできない時代に入った。米国が尖閣諸島のために、中国と軍事的衝突を覚悟する時代ではなくなった。介入すればあまりにも米国の犠牲が大きい。

中国の拡大する軍事力を前提とすれば、自衛隊であれ、米軍であれ、軍事的に日本に有利に解決できる時代は去った。

†言い分は折り合わない

日本には中国に軍事的に対抗するという選択肢はない。その中で、いかにして領土の保全に努めるか、容易な課題ではない。しかし、その方策を見つけることこそ、我々に与えられた課題である。多分それは、いくつかの平和的手段の組み合わせで解決を図るしかないのだと思う。

考えうる九つの方策を挙げて、本書のまとめとしたい。

第一に、相手の主張を知り、自分の言い分との間で各々がどれだけ客観的に言い分があるかを理解し、不要な摩擦はさけること。紛争の際には、必ず双方に言い分がある。出発点は相手の言い分の内容、背景を理解することである。

今日領土問題をめぐる論議では、北方領土であれ、竹島であれ、尖閣諸島であれ、国内では日本の論理だけで議論を構成している。相手の言い分が何か、そして自分の言い分との間で各々客観的に言い分が通るかを考察する必要がある。

さらに紛争がある際には、どちらに理があるかの議論を別として、相手を刺激する行動はとらないことが重要である。
尖閣諸島では長年、日本政府は仮設ヘリポートを抑制する等の措置をとっている。日本国内に、実効支配を示すため具体的行動を強めようとする動きがある。この行動は国際法的に日本の実効支配の立場を特段強めるわけではない。しかし相手国を刺激し摩擦を拡大する。

第二に、紛争を避けるための具体的な取り決めを行うこと。この点では南沙諸島をめぐる中国、ASEAN諸国の動きが参考になる。南沙諸島は、中国とASEAN諸国との緊張が伝えられているが、すでに述べたように、両者には「南シナ海の行動宣言」がある。南沙諸島ですでに特定国に占有されている島は現状維持し、「占有されていない島や岩礁上への居住などの行為を控え、領有権争いを紛糾、拡大させる行動を自制する」合意がなされている。具体的に見てみよう。以下は石山永一郎氏（共同通信社）から情報提供いただいたものである。

①二〇〇二年一一月〇四日、中国と東南アジア諸国連合（ASEAN）が四日、署名した「南シナ海の行動宣言」要旨は次の通り（出典：プノンペン発共同通信）。

・平等と相互尊重を基礎に信頼構築を目指す。

・南シナ海の航行、上空の飛行の自由を尊重する。
・領有権紛争は武力行使に訴えることなく、平和的手段で解決する。
・現在（当事国に）占有されていない島や岩礁上への居住などの行為を控え、領有権争いを紛糾、拡大させる行動を自制する。
・国防、軍当局者間の対話の場を設け、いかなる軍事演習も自発的に通告するよう努力する。
・（当事国以外の）他国にも宣言の原則を尊重するよう求める。
・（法的拘束力の強い）行動規範の採択が地域の平和と安定を促進させることを再確認し、この目標の最終的な達成に向け努力することに同意する。

②中国・東南アジア諸国連合（ASEAN）首脳会議（出典：ヌサドゥア発共同通信）

中国の李肇星外相がASEANの基本条約である東南アジア友好協力条約に署名した。条約は、内政不干渉や領土の保全、武力不行使を規定しており、条約への署名により中国はASEANの準加盟国的な地位を獲得。南沙諸島などをめぐる領有権紛争の平和的解決を約束した昨年の「南シナ海行動宣言」に続き、両者の平和共存が確実なものになる。

③中国外相「行動宣言」が平和に寄与と発言（北京発共同通信）

中国雲南省昆明で二〇一一年〇一月二五日開かれた中国と東南アジア諸国連合一〇カ国の外相会議で、中国の楊外相は、ASEANの一部加盟国と中国との南シナ海をめぐる領有権争いの平和的解決をうたった「行動宣言」について「南シナ海の平和と安定の維持に寄与している」と発言した。ASEAN側は実効性に乏しい行動宣言を法的拘束力がある「行動規範」に格上げしたい立場だが、南シナ海で軍事活動を活発化させる中国は自らの行動を制約しかねない行動規範策定に消極的とみられる。楊外相発言は行動宣言で十分だとの認識を示すことでASEAN側をけん制する意図がありそうだ。

†第三者を入れる

第三に、国際司法裁判所に提訴するなど、解決に第三者をできるだけ介入させること。

たびたび述べているように、日本の領土問題は、ほとんどが日本の敗戦の処理と関係している。サンフランシスコ平和条約は、「解決されない条約の解釈又は実施に関する紛争が生じたと認めるときは、紛争は、いずれかの紛争当事国の要請により、国際司法裁判所に決定のため付託しなければならない。日本国及びまだ国際司法裁判所規程の当事国でない連合国は、それぞれがこの条約を批准する時に、この条に掲げた性質をもつすべての紛争に関して一般的に同裁判所の管轄権を特別の合意なしに受諾する一般的宣言書を同裁判所書記に寄託するものとする」としている。

このように、サンフランシスコ平和条約関係国は、通常以上に国際司法裁判所の管轄権の受諾を約束している。国際司法裁判所が処理することは、紛争の処理が国家の主権から離れることを意味する。

ふつう多くの国は、できれば自分ですべてを処理したいが、国際司法裁判所で処理するのと、二国で処理するのとどちらがより公平、合理的か。

日本の場合、相手になる隣国はロシアであり、中国である。その軍事力はとても日本の及ぶものではない。関係国間だけで処理される場合は、力の強いものの言い分がとおる場合が多い。公平、合理性は無視される。かつ二国間での処理では、軍事紛争に発展することが多い。従って、第五章で述べたとおり、日本は領土問題の処理では、国際司法裁判所に委ねることを鮮明に打ち出した方がよい。


第四に、緊密な「多角的相互依存関係」を構築することである。

フランスとドイツは第一次大戦、第二次大戦を戦った。今日、誰もフランスとドイツが戦争するとは思っていない。それは第二次大戦以降アルザス・ロレーヌがドイツからフランスに強制的に引き渡されるという尖閣諸島より遥かに深刻な領土問題を持っていながらである。

第五に、「国連の原則」を全面に出していくことである。

確かに米英仏中ソは、国際関係での紛争を処理する機能を託された国連安全保障理事会で拒否権を持つ。従って、これら諸国が関与する国際紛争では国連は無力である。しかし、そのことは五大国すべてが国連の機能、国連の理念を無視していることを意味しない。

国連憲章は、「すべての加盟国は、その国際関係において、武力による威嚇又は武力の行使を、いかなる国の領土保全又は政治的独立に対するものも、また、国際連合の目的と両立しない他のいかなる方法によるものも慎まなければならない」（第二条第四項）とある。この条項に違反し行動したケースは限られている。自国に異なる民族を抱える中国は領土保全を犯す軍事行動には反対の立場である。

†軍事力を使わない共通原則を構築する

第六に、日中間で軍事力を使わないことを共通の原則とし、それをしばしば言及することにより、お互いに遵守の機運を醸成する。

一九七二年の日中共同声明は、第六条において、「主権及び領土保全の相互尊重、相互不可侵、内政に対する相互不干渉、平等及び互恵並びに平和共存の諸原則の基礎の上に両国間の恒久的な平和友好関係を確立すること」に合意し、さらに「国際連合憲章の原則に基づき、日本国及び中国が、相互の関係において、すべての紛争を平和的手段により解決し、武力又は武力による威嚇に訴えないこと」を確認している。

一九七八年の日中平和友好条約第一条では再度、「主権及び領土保全の相互尊重、相互不可侵、内政に対する相互不干渉、平等及び互恵並びに平和共存の諸原則の基礎の上に、両国間の恒久的な平和友好関係を発展させる」「国際連合憲章の原則に基づき、相互の関係において、すべての紛争を平和的手段により解決し及び武力又は武力による威嚇に訴えないことを確認する」と念を押している。

第七に、係争地の周辺で、紛争を招きやすい事業につき、紛争を未然に防ぐメカニズムを作ることである。

領土問題は、係争地周辺での行動が紛争の引き金になる。海上ではしばしば漁業が紛争の発火点になる。日本が近隣諸国との間で漁業協定を持つことは、単に漁獲の調整のみならず、安全保障の確保の上で重要な意義を持つ。

幸い、日中間には漁業協定がある。「一九七五年協定」と、一九九七年に調印、二〇〇〇年六月に発効した「二〇〇〇年協定」がある。この漁業協定の基本的哲学は、「自国の機船に対して適切な指導及び監督は自国の船に対して行う」「相手国の船の違反は相手国に任せる」ということである。もちろん、問題があれば両国政府で協議する。これは現場での不慮の事故をできるだけ避けることに意義がある。

†一挙解決を目指さない

第八に、現在の世代で解決できないものは、実質的に棚上げし、対立を避けることである。あわせて、棚上げ期間は双方がこの問題の解決のために武力を利用しないことを約束することである。これはまさに尖閣諸島において、一九七二年の日中共同声明、一九七八年の日中平和友好条約に日中双方がとってきた政策である。

かつ国際社会においては、しばしば棚上げ方式が採用されることもすでに述べた。一九五九年の南極条約や、一九八九年フォークランド諸島を巡っての連合王国及びアルゼンチン間の非公式合意がある。

第九に、係争になりそうな場合、いくつかの要素に分割し、各々個別に解決策を見いだすことである。

代表的なものに、第五章で若干触れたトーレス海峡におけるオーストラリアとパプア・ニューギニア間の海域確定問題がある。ここでは、海峡における島嶼の住民の利益、島嶼の地位、海底管轄権、漁業管轄権、保存権および航空権を個別的に処理する合意を達成することに成功している。

問題を個々に処理することによって、領土問題という武力紛争に進展することを防いでいる。尖閣諸島問題でも、日本は漁業、石油ガスの共同開発というように、分割して対応策を検討してきている。

以上、ここに挙げた九つの平和的手段は、どれか一つだけが独立し、それですべてを解決できるものではない。**武力紛争に持ち込まないという意識を持ちつつ、各々の分野で協力を推進することが、平和維持の担保になる。**

領土問題の重要なポイントは、領土問題をできるだけナショナリズムと結びつけないことである。

アデナウアーは、「この石炭鉄鋼連合が口火となり他の分野でも類似の過程が進むであろう。そうなれば欧州のガンともいうべきナショナリズムが壊滅的打撃をうけるであろう」と述べているが、否定的ナショナリズムをいかにして抑えていくかが課題である。

しかし、**政治家の中には、自己の勢力を強め、自己が推進したいと思う政策を推進するために意識的に領土問題を煽る人々がいる。**一九六九年の中ソ国境紛争では林彪国防相が中ソ国境での緊張を強め、これで国防相としての自分の地位を高め、毛沢東の後継者としての地位を獲得した。

イラン・イラク戦争では戦争開始時、イラクのサダム・フセインは大統領になり立てであったし、イランはイスラム革命が成立したばかりであった。両国の国内基盤は確固たるものでなく、両者とも戦争中、陣営を乱す者との口実で政敵を粛清し国内基盤を強めた。日本も同様である。領土問題の緊張を、時に自己の地位向上のために使う。さらには中国、ロシアとの緊張を図ることによって、国民を日米軍事協力の強化に利用しようとする勢力もある。

私たちは、政治家が領土問題で強硬発言をする時、彼はこれで何を達成しようとしているかを見極める必要がある。

ちくま新書
905

日本《にほん》の国境問題《こっきょうもんだい》
——尖閣《せんかく》・竹島《たけしま》・北方領土《ほっぽうりょうど》

二〇一一年五月一〇日 第一刷発行
二〇一二年一〇月一日 第八刷発行

著者 孫崎享（まごさき・うける）

発行者 熊沢敏之
発行所 株式会社 筑摩書房
東京都台東区蔵前二-五-三 郵便番号一一一-八七五五
振替〇〇一六〇-八-四一二三
装幀者 間村俊一
印刷・製本 三松堂印刷 株式会社

乱丁・落丁本の場合は、左記宛にご送付下さい。
送料小社負担でお取り替えいたします。
ご注文・お問い合わせも左記へお願いいたします。
〒三三一-八五〇七 さいたま市北区櫛引町二-六〇四
筑摩書房サービスセンター 電話〇四八-六五一-〇〇五三

ISBN978-4-480-06609-1 C0231

ちくま新書

891 地下鉄は誰のものか

猪瀬直樹

東京メトロと都営地下鉄は一元化できる！　利用者本位の改革に立ち上がった東京都副知事に、既得権益の壁が立ちはだかる。抵抗する国や東京メトロとの戦いの記録。

885 過激派で読む世界地図

宮田律

コロンビア革命軍、ソマリアの海賊、タリバン。世界では、まだまだ過激派が社会に影響を与えている。彼らの思想や活動から、忘れ去られている世界地図を描く。

882 中国を拒否できない日本

関岡英之

大きな脅威となった中国の経済力と軍事力。そこにはどのような国家戦略が秘められているのか。「超限戦」に対して「汎アジア」構想を提唱する新たな地政学の試み。

873 道州制

佐々木信夫

中央集権国家としての日本はすでに破綻に瀕している。地方分権の理念を分かりやすく説きながら、諸外国との比較、様々なデータを参照し、この国の将来を考える。

867 デジタル時代の著作権

野口祐子

二十世紀末から進展し始めたデジタル化の波は、著作権という制度にも揺さぶりをかけている。今何が問題で、何を知っておかねばならないのか。基本から説き起こす。

847 成熟日本への進路——「成長論」から「分配論」へ

波頭亮

日本は成長期を終え成熟フェーズに入った。旧来の成長モデルの政策も制度ももはや無効であり改革は急務である。国民が真に幸せだと思える国家ビジョンを緊急提言。

829 拝金社会主義 中国

遠藤誉

一九七八年に改革・開放政策を実施し経済的に自由になった中国。人々は革命の心を失い、金儲けに邁進し、共産党は特権を貪っている。中国は社会主義国家なのか？

ちくま新書

803 検察の正義　郷原信郎
政治資金問題、被害者・遺族との関係、裁判員制度、検察審査会議決による起訴強制などで大きく揺れ動く検察の正義を問い直す。異色の検察ＯＢによる渾身の書。

801 「中国問題」の核心　清水美和
毒ギョーザ事件、チベット動乱、尖閣諸島、軍事大国化、米国との接近――。共産党政権の内部事情を精確に分析し、建国60周年を迎えた「巨龍」の生態を徹底分析する。

796 裁判員必携――批判と対応の視点から　石松竹雄　伊佐千尋
市民が司法に参加する。その目的は、証拠を市民が評価し、事実を公正に判断して冤罪を防ぐことにある。制度の真の狙いを暴き、その意義を考える啓蒙的ガイドブック。

775 雇用はなぜ壊れたのか――会社の論理vs.労働者の論理　大内伸哉
社会を安定させるために「労働」はどうあるべきか？　セクハラ、残業、労働組合、派遣労働、正社員解雇など、雇用社会の根本に関わる11のテーマについて考える。

774 アメリカはなぜ変われるのか　杉田弘毅
数十年ごとの大統領選挙で地殻変動を起こし危機を乗り越えてきたアメリカ。オバマ現象とその背景にある米国社会のリアルを丹念に取材し、この国の底力を抉り出す。

773 社会をつくる自由――反コミュニティのデモクラシー　竹井隆人
現代において手応えのある民主主義はまだ可能なのだろうか。社会を自らがつくるという自由の意味を見直し、責任ある政治を取り戻すための提言を行う。

748 労働再規制――反転の構図を読みとく　五十嵐仁
緩和から再規制へ。労働を巡る政治状況は逆流をはじめた。格差と貧困の増大のため……だけでない。そこにはある勢力の逆襲があった。その転機になったのは――。

741
自民党政治の終わり
野中尚人
長きにわたって戦後日本の政権党であり続けた自民党。しかしこの巨大政党は今、機能不全を起こしている。その来歴と行く末を、歴史の視点などを交え鋭く迫る。

722
変貌する民主主義
森政稔
民主主義の理想が陳腐なお題目へと堕したのはなぜか。その背景にある現代の思想的変動を解明し、複雑な共存のルールへと変貌する民主主義のリアルな動態を示す。

706
「中国問題」の内幕
清水美和
「一党独裁」「共青団と上海閥」「人民軍」「格差問題」「中央宣伝部とメディア」そして「台湾」。矛盾を抱えながら膨張する13億人の巨大国家の行方を敏腕記者が解剖する。

655
政治学の名著30
佐々木毅
古代から現代まで、著者がその政治観を形成する上でたえず傍らにあった名著の数々。選ばれた30冊は混迷を深める時代にこそますます重みを持ち、輝きを放つ。

636
東アジア共同体をどうつくるか
進藤榮一
アセアン+日・中・韓が推進する地域経済統合はどのようなシナリオを描いて実現へと向かうのか。日本再生の条件と東アジア共同体創設への道をさぐる注目の一冊！

625
自治体をどう変えるか
佐々木信夫
行政活動の三分の二以上を担う地方を変えることは、この国のかたちを変えることにほかならない。「官」と「民」の関係を問い直し、新たな〈公〉のビジョンを描く。

594
改憲問題
愛敬浩二
戦後憲法はどう機能してきたか。改正でどんな効果が期待できるのか。改憲論議にはこうした実質を問う視角が欠けている。改憲派の思惑と帰結をクールに斬る一冊！

883
ルポ 若者ホームレス
飯島裕子
ビッグイシュー基金
近年、貧困が若者を襲い、20〜30代のホームレスが激増している。彼らはなぜ路上暮らしへ追い込まれたのか。貧困が再生産される社会構造をあぶりだすルポ。

880
就活エリートの迷走
豊田義博
超優良企業の内定をゲットした「就活エリート」。彼らが入社後に、ことごとく戦力外の烙印を押されている……。採用現場の表と裏を分析する驚愕のレポート。

860
子供をふつうに育てたい
長山靖生
児童虐待や親殺し、子殺しは、特殊な家庭で起きるのではない。親が子を愛しすぎるために起きるのだ。ふつうの幸せのために、いま親ができることは何かを考える。

855
年金は本当にもらえるのか？
鈴木亘
本当に年金は破綻しないのか？　政治家や官僚は難解な用語や粉飾決算によって国民を騙し、その真実を教えてはくれない。様々な年金の疑問に一問一答で解説する。

854
ニッポンの海外旅行
——若者と観光メディアの50年史
山口誠
なぜ最近の若者は旅に出なくなったのか？　戦後の各時代を象徴するメディアから、旅の形がどのように変化したか読み解き、現在の海外旅行が持つ問題の本質に迫る。

853
地域再生の罠
——なぜ市民と地方は豊かになれないのか？
久繁哲之介
活性化は間違いだらけだ！　多くは専門家らが独善的に行う施策にすぎず、そのために衰退は深まっている。このカラクリを暴き、市民のための地域再生を示す。

838
刑事《デカ》魂
萩生田勝
少ない証拠を飽きるほど見つめ、鑑と筋と手口を読み、狡猾なホシを追い詰める。大事件の舞台裏、失敗から得た教訓、取調室での攻防戦……。ベテラン刑事の捜査術。